知的生きかた文庫

江戸のカリスマ商人
儲けのカラクリ

川上徹也

三笠書房

はじめに

江戸時代の日本には、世界に誇れるカリスマ商人・経営者・イノベーターが多数いた

◆教科書に出てこないカリスマ商人たち

本書は、江戸時代の商人・起業家・リーダー・イノベーターなどのマーケティング戦略・ビジネスモデルなどを、わかりやすく解説したものです。

タイトルは『江戸のカリスマ商人　儲けのカラクリ』とありますが、身分的には「商人」とは限りません。

取り上げているのは以下の人物です。

・蔦屋重三郎《つたやじゅうざぶろう》、三井高利《みついたかとし》、下村彦右衛門正啓《しもむらひこえもんしょうけい》、紀伊國屋文左衛門《きのくにやぶんざえもん》など商人として革新的なビジネスモデルを作り上げた起業家。

・前田正甫《まえだまさとし》（富山藩）、鍋島直正《なべしまなおまさ》（佐賀藩）のように、藩主として画期的なビジネスモデルを作り出し財政改革や組織改革を推し進めた組織のリーダー。
・河村瑞賢《かわむらずいけん》、伊能忠敬《いのうただたか》のように商人として功成し遂げたあと、シニア世代になって歴史に残る大事業を成し遂げたイノベーター。
・現在も続く老舗（「西川」「にんべん」「山本山」「豊島屋」「山本海苔店」）でイノベーションを起こしてきた歴代の経営者たち。

本書を書くきっかけは、蔦屋重三郎と三井高利の存在を知ったことからです。多くの作家をプロデュースし、江戸の出版文化を語る上で欠かせない存在である蔦屋重三郎。

世界的な経営学者ピーター・ドラッカーがその著書の中で「マーケティングの元祖である」と絶賛した、三井グループや三越百貨店の祖である三井高利。

二人のことを調べていくうちに、江戸時代の商人たちに興味を持ち調べるようになりました。すると江戸時代には革新的なビジネスモデルを作り上げ、イノベーションを起こしたカリスマ商人たちがたくさんいることがわかったのです。

彼らの「儲けのカラクリ」を知ることは、現在のビジネスシーンにおいてもヒントになるし、話のネタにもなる。何より知的好奇心が満たされる。

しかもそのほとんど（河村瑞賢、伊能忠敬を除く）は、日本史の教科書に名前すら出てこない。おそらく知らない人も多くいるはず。だとしたら、それら人物の偉業をわかりやすくまとめて、楽しく読める本を出版することには意義があり、自分の役割だと考えるようになりました。それが本書を執筆するに至った経緯です。

◆200年超老舗企業王国・日本

日経ＢＰコンサルティング・周年事業ラボの調査（２０２２）によると、創業から２００年以上の老舗企業は世界中に２１２９社あり、そのうち日本の企業だけで１３８８社にのぼるそうです（2位アメリカ２６５社、3位はドイツの２２３社、4位は英国の81社）。

つまり世界の２００年超老舗企業の65％が日本にあるのです。これは驚異的なことであり、もっと世界に発信してもいいのではないでしょうか？

「三井グループ」「三越」「大丸」「西川」「にんべん」「山本山」「豊島屋」「山本海苔店」「国分」「榮太樓總本鋪」など本書で紹介する企業も２００年超老舗企業です。

では、なぜ日本にはそのような老舗企業が多いのでしょう？

その理由は様々で、ひとつに絞ることはできません。

ただ「創業者がどのようなビジネスモデルで起業したか」「代々の経営者がそれをどのように受け継ぎながら新しいイノベーションを起こしてきたのか」を知ることは、その理由を類推する上で大きなヒントになるはずです。

起業した会社の９割以上が10年以内に廃業すると言われている現在においては、特に学ぶべきことが多いでしょう。

本書によって江戸時代の起業家たちについてより深い興味を抱いて、あなたに何か新しいビジネスのアイデアが浮かぶきっかけになったら、著者としてこれほどの喜びはありません。

川上徹也

（補足）

・本書はわかりやすさを優先しているために、歴史的な事実に関して、正確性を追求しすぎるよりも、できるだけ要点に絞って記述するように心がけました。

・江戸商人に関しては、その当時に記録されたものよりも、後に脚色や独自の解釈が加えられている資料が多いのが実情です。そのため、資料によって書かれている内容が異なることが多々ありました。本書は専門書ではないので、正確性を追求するよりも、わかりやすさおもしろさを優先しています。あらかじめご了承ください。

・江戸時代の貨幣価値を現在に置き換えることは非常に難しいと言われています。何を基準に比較するかによって大きく変わるからです。また時代による価値の変化も激しく、開府当初に比べると幕末は1両の価値が10分の1以下になりました。本書ではわかりやすさを優先して1両＝10万円という説を採用しています。

・登場人物（江戸時代）の年齢に関しては、当時の慣例であった数え年での記述を採用しています。

目次

第2章

徹底した顧客志向で老舗が立ち並ぶ日本橋に流通革命を起こす
「三井越後屋」三井高利

第3章

生産性の向上と産業の多角化で藩の財政を改善
世界に類を見ないビジネスモデル「置き薬」が誕生
富山藩二代目藩主　前田正甫&越中富山の薬売り

第4章

高い目標を掲げ手段を選ばず邁進！ ビジョンを掲げてそれを実行した

第5章

社会課題を解決しつつ事業を拡大
“天下にならぶものなしの富商”に

材木商　河村瑞賢

第6章

〝原価販売ビジネス〟で大繁盛！顧客満足を高めることで江戸商人十傑に

第7章

機能だけでなく〝デザイン〟を重視して
空前のヒット商品を創出！

第8章

第9章

第11章

第12章

本文イラスト　こやまもえ
本文DTP　株式会社Sun Fuerza

蔦屋重三郎

（つたや・じゅうざぶろう）

1750～1797年◎江戸出版界きってのヒットメーカー。通称「蔦重」。遊廓の吉原で生まれ、小さな貸本屋から江戸有数の版元（出版社発行人）に成り上がった。34歳の時、日本橋通油町《とおりあぶらちょう》（現在の中央区日本橋大伝馬町）に進出。「黄表紙」「洒落本」「狂歌絵本」「錦絵」などのヒット作を次々とプロデュースして、時代の寵児となりブランドを確立した。しかし「寛政の改革」が始まると、風紀取り締まりも厳しくなり、やがて山東京伝《さんとうきょうでん》の洒落本が摘発され、版元の蔦重にも財産の半分を没収という厳罰が下される。その後、喜多川歌麿《きたがわうたまろ》の大首絵の美人画や無名の新人絵師東洲斎写楽《とうしゅうさいしゃらく》の役者絵をプロデュースして復活するが、持病の脚気が悪化し48歳で亡くなった。

第1章

大衆が求める本を提供することで
江戸出版界に革命を起こす

「耕書堂」
蔦屋重三郎

◆江戸を代表するヒットメーカーにしてカリスマ経営者

蔦屋重三郎《つたやじゅうざぶろう》（通称・蔦重《つたじゅう》）は江戸時代（安永・天明・寛政期）の出版界を代表するヒットメーカーでありカリスマ経営者です。小さな貸本屋から始まり、一代で江戸きっての有名版元（出版社発行人）に成り上がりました。

宣伝上手で時代の流れを読み取る嗅覚に優れ、数々の流行作家とタッグを組み、話題作を続々と世に出しました。それでいて、いわゆるクリエイターであったわけではなく、経営者としても堅実な一面を持っていました。現代でいうとベストセラーを連発する編集者兼出版社社長といったところでしょうか。

人の才能を見抜く力も抜きん出ていて、無名だった喜多川歌麿《きたがわうたまろ》を発掘しデビューさせ江戸きっての人気絵師に仕立て上げました。晩年には謎の天才絵師・東洲斎《とうしゅうさい》写楽《しゃらく》をプロデュースしたことで話題になります。蔦重の死後に大ブレイクする葛飾《かつしか》北斎《ほくさい》、曲亭馬琴《きょくていばきん》、十返舎一九《じっぺんしゃいっく》なども、無名時代から活動をサポートしていました。

ここからは蔦重の「儲けのカラクリ」の詳細を見ていきましょう。

儲けのカラクリ 1

ストックビジネス戦略＋吉原のブランディング

吉原のガイドブック「吉原細見」

――「ストックビジネス」を武器に出版界に進出

蔦重は寛延3（1750）年、江戸吉原で生まれます。7歳の時に両親が離婚し、吉原で引手茶屋「蔦屋」を経営する喜多川氏の養子になります。引手茶屋とは、酒や食べ物を提供しつつ客の希望などを聞き、それに合わせた妓楼と遊女を手配してくれる吉原の案内所のような場所です。

ここで吉原のことを簡単に説明しておきましょう。

吉原とは、唯一の江戸幕府公認の遊廓です。もともとは日本橋近く（現在の人形町）にありましたが、江戸が発展していくにつれ、遊廓が町の中心部にあることは好ましくないと幕府から移転を命じられました。折しも明暦《めいれき》の大火（1657年）で全焼したこともあり、浅草寺裏の当時は田園が広がっていた日本堤に移転していたのです。移転して以降を「新吉原」と呼ぶこともあります。蔦重が生まれ育ったのはこの新吉原です。

移転以降、それまで禁止されていた夜間営業が認められるようになりました。敷地面積は2万坪。200軒以上もの妓楼が立ち並び、2000人以上の遊女をはじめ、約1万人が生活していたといいます。妓楼だけでなく、茶屋・料理屋・みやげ物屋・湯屋などが立ち並んでいました。季節ごとのイベントもあり、遊廓を利用しなくても楽しめる江戸有数の観光名所になっていました。また文化人が集まるある種のサロンのような役割も果たしていたといいます。

吉原という閉鎖的で特殊な場所で生まれ育った蔦重は、のちの出版業につながるさまざまな感性や知恵を身につけ、太い人脈を築いていったのです。

安永元（1772）年、23歳の蔦重は、吉原大門前「五十間道」にあった義兄が営む引手茶屋の軒先を借りて、貸本屋兼書店「耕書堂」を開業しました。当時、書籍の値段は庶民には高価で、手軽な料金で本をレンタルできる貸本屋が繁盛していたのです。

しかし蔦重は、ただの貸本屋で終わるつもりはありませんでした。いずれは版元になりたいと野望を抱いていました。貸本屋として、妓楼や茶屋などの店に出入りすることで、吉原きっての事情通となっていきます。

場所柄、販売の主力商品は「吉原細見《よしわらさいけん》」という遊廓のガイドブックです。吉原内の略地図をはじめ、妓楼の場所や遊女の名前などが記載されていました。通常、春と秋の年2回発行されていました。実用的なガイドブックとしてだけでなく、江戸みやげとしての需要もあり、隠れたベストセラーだったといいます。

当時「吉原細見」は、江戸の大手版元である鱗形屋《うろこがたや》孫兵衛が独占販売をしていました。しかし遊女の出入りが激しいにもかかわらず、あまり改訂されずに情報が古いことも多く情報誌としての信用が落ちていました。このままでは売り上げに響きます。そこで情報をアップデートするために「細見改め」に抜擢されたのが蔦重だったのです。

「細見改め」とは今でいうリサーチャー兼編集者で、遊女の最新情報などを集めて新しい「吉原細見」を企画編集する仕事でした。吉原で生まれ育ち、人脈がある蔦重にはぴったりの役割といえます。

蔦重は、鱗形屋の下請け（今で言う編集プロダクション）というポジションで、「吉原細見」の企画編集に携わるようになったのです。

それまで、本のレンタルと販売だけを商売にしてきた蔦重ですが、ここから版元として本の制作分野に進出していきます。


蔦重が初めて版元として出版したのは安永3（1774）年7月刊行の『一目千本華すまひ』です。これは人気絵師である北尾《きたお》重政《しげまさ》が、遊女の評判を生け花に見立てて描いたという風雅な画集で、実用性よりも妓楼や遊女から上客への贈呈用に買い取られたとされています。

その後、鱗形屋の従業員が重板の罪（今でいう「著作権の侵害」）を起こして謹慎処分となり、「吉原細見」を出せないという事態に陥ります。蔦重はその間隙をぬって自らが版元となって「吉原細見」を出版します。

吉原のことを知り尽くした、蔦重版「吉原細見」はたちまち大人気になりました。

その後、鱗形屋版「吉原細見」の刊行も再開されましたが、蔦重版には勝てず、7年後には蔦重版が独占状態になりました。やがて大手版元だった鱗形屋は衰退し江戸の出版業界から姿を消すことになります。

◆ここが違った！　蔦重版「吉原細見」

①最新の情報にアップデート

それまでの「吉原細見」は、情報が古かったり間違っていたりすることが多く、信頼性に欠けていました。そこで、蔦重は店を回って最新の情報に書き換えました。店や遊女の格付けや詳細な料金などの情報も充実させたのです。吉原の事情通である蔦重にはうってつけでした。

②有名人の序文で箔づけ

蔦重が細見改めとして最初に関わった「吉原細見」のタイトルは『細見嗚呼御江《ああおえ》戸《ど》』。その序文を人形浄瑠璃の人気作家・福内鬼外《ふくちきがい》に依頼しました。福内鬼外は、エレキテルの発明などで有名なマルチクリエイター平賀源内《ひらがげんない》のペンネームです。この序文は大きな話題を呼んだといいます。

耕書堂の独占状態になって最初の「吉原細見」である『五葉の松』は、序文を朋《ほう》誠堂喜三二《せいどうきさんじ》、跋文（あとがき）を四方赤良《よものあから》（大田南畝《おおたなんぽ》）、祝言狂歌を朱楽菅江《あけらかんこう》（天明狂歌四天王のひとり）という有名作家3人の揃い踏みでした。

その後も、有名人やベストセラー作家の序文で箔をつけ、「吉原細見」のブランドを高めることに成功しました。

③判型レイアウトの変更で「薄い、安い、見やすい」へ

安永4（1775）年、蔦重が版元となって最初に刊行された細見『籬《まがき》の花《はな》』は、今までの鱗形屋版細見から見た目が大きく変わりました。

「横長」から「縦長」になり、大きさも約2倍に判型を変更しました。これは現在の単行本の判型四六判とほぼ同じになります。通りを真ん中に配置し、その両側に店を書き込む等、遊廓の位置関係をよりわかりやすくしました。

判型とレイアウトの変更で、ページ数を減らしたことにより、大幅なコスト削減に成功します。その分、安価で販売することができました。「薄い、安い、見やすい」と喜ばれたのです。

安定した売り上げで経営基盤を築く

このように、かゆいところに手が届く蔦重版の「吉原細見」は大ヒットします。春秋と2度の改訂版が出て、そのたびに一定の売り上げが見込めます。また吉原の各店からの広告収入もあります。

その他の出版物も、吉原からの求めに応じてつくられた贈答本やイベントのガイドブックが主力商品でした。制作費は発注元が出してくれるのでリスクはなく、定期的に発行されるので確実に利益があがりました。

他にも往来物と呼ばれる寺子屋の教科書なども手がけました。薄利ながら長期にわたって同じものを刷れば一定の売り上げと利益が見込める商品です。**「吉原細見」をはじめとするこれらの出版物により、蔦重は安定した収入を得ることができたのです。現在で言うところの「ストックビジネス」の先駆けだと言えるでしょう。**

小さな貸本屋から始まった耕書堂ですが、蔦重はまずは安定した経営基盤を築き上げることに注力したのです。

儲けのカラクリ 2

コンテンツマーケティング

大ヒット作を生み続けるコンテンツ開発

——小売業者から、メーカー兼小売業者へ

薄く安価な「吉原細見」を制作し安定した売り上げを得る一方で、蔦重は吉原のイメージを高める出版物を発行していきます。

前述した『一目千本華すまひ』も、吉原の遊女を生け花に見立てて紹介する画集で、妓楼や遊女から上得意客にむけての贈答品として使われました。

『籬の花』の翌年に出版された『青楼美人合《せいろうびじんあわせ》姿鏡《すがたかがみ》』は、遊女たちの超豪華なカラー画集です。北尾重政と勝川春章《かつかわしゅんしょう》という当時最も人気があった2人の絵師による競作。紙も凝りに凝って彫り師・摺《す》り師も超一流を使うという贅を尽くした3巻セットで大評判となりました。

これらの本は「悪所」と呼ばれていた吉原のイメージを高めるのに大きく貢献し、蔦屋重三郎の名前を吉原内外に広めたのです。

蔦重は、著名な作家や絵師をたびたび吉原に招きました。当時はまだ「原稿料」や「印税」という概念はなく、彼らの飲食代や遊興費などを支払い、接待することがフィーの代わりだったのです。

こうして、多くの作家や絵師たちと深い繋がりを持ち信頼を得た蔦重は、ますます飛躍していきます。

◆日本橋に進出　貸本屋から一流の出版社&書店に

天明3（1783）年、「吉原細見」を独占するようになった蔦重は、吉原の店を手代に任せ、日本橋通油町《とおりあぶらちょう》（現在の中央区日本橋大伝馬町）にあった地本問屋《じほんどい》・丸屋《まるや》小兵衛《こへえ》の店「豊仙堂《ほうせんどう》」の店舗と株を買い取り、「耕書堂」の新たな拠点とします。

その周辺は大手の「書物問屋」と「地本問屋」が軒を並べていました。「問屋」

とは出版社兼書店という存在で、「書物問屋」は学者や研究者が読む学術本、「地本問屋」は江戸発祥の大衆娯楽本を扱うことで区別されました。

もちろん蔦重は大衆向けの書物を制作販売する「地本問屋」です。そうであっても日本橋に店を出すことは一流の「問屋」の証《あか》しだったのです。

当時の出版業界は、株制度という参入障壁があるので基本的には世襲制です。吉原門前の小さな貸本屋からわずか10年で「問屋」になるのは異例の大出世です。

しかしこれはまだ序の口でした。当時34歳だった蔦重の快進撃はここから始まります。

「黄表紙」「洒落本」でベストセラーを連発

この前後、**蔦重がベストセラーを連発するのは「黄表紙」です。**草双紙と呼ばれる絵入り娯楽本の一分野で、もともとは子供向けの本が主流でしたが、やがて風刺や洒落を利かせた大人向けのものも登場。表紙の色によってジャンル分けがされ、昔話など子ども向けの赤表紙、浄瑠璃や歌舞伎をテーマとした黒・青表紙などがあります。

「黄表紙」というジャンルも、元々は鱗形屋孫兵衛が企画開発したものです。安永4（1775）年に刊行された恋川春町《こいかわはるまち》作・画の『金々先生栄花夢《きんきんせんせいえいがのゆめ》』が記録的な大ベストセラーになりました。「一炊の夢」の故事で知られる謡曲『邯鄲《かんたん》』を下敷きにした作品で、以下のようなあらすじです。

金村屋金兵衛という田舎出の貧乏な青年が一旗挙げようと江戸へ向かい、ふとした縁で大商人の養子として大金持ちになり栄華を極めるが、やがて吉原通いにはまり勘当され無一文になる。しかしそれは江戸へ来た時の茶屋でうたた寝した時に見た夢だったというオチで、青年は人の一生ははかないものだと悟り故郷に戻る。

同作の表紙が黄色かったことから「黄表紙」と呼ばれるようになりました。その後、鱗形屋はブームの火付け役となった恋川春町を始め、朋誠堂喜三二などの「黄表紙」を多数出版して栄華を極めます。しかし前述した不祥事をきっかけに勢いをなくし、「黄表紙」のジャンルでも蔦重にその地位を取って変わられるのです。

安永9（1780）年、蔦重は黄表紙の出版を開始します。以前から関係を深めていた朋誠堂喜三二から始まり、やがて恋川春町も耕書堂の専属的な作家となっていきます。

「黄表紙」と並んで人気があったのが「洒落本」でした。

黄表紙は挿絵が多く今の漫画に近い書物なのに対して、「洒落本」は文章主体の恋愛小説です。といっても舞台は吉原などの遊郭で、遊女と客の「粋」な会話を楽しむものでした。こちらは文章主体なので、教養がある武士階級のための書物だったといいます。

このジャンルで頭角を現したのが山東京伝《さんとうきょうでん》です。画才も文才もあった山東京伝は早くからその才能が注目され、他の大手版元（鶴屋喜右衛門《つるやきえもん》）から何冊も黄表紙を出版していました。蔦重もその才能を見込んで黄表紙の執筆を依頼。なかでも天明5（1785）年に出版した『江戸生《えどうまれ》　艶気樺焼《うわきのかばやき》』は大ヒットしました。

さらに蔦重は京伝に「洒落本」の執筆を依頼。天明7（1787）年に出版した

『通言総籬《つうげんそうまがき》』は大きな評判を呼び、洒落本のジャンルの第一人者となります。その後も、蔦重と京伝のコンビはヒットを連発。京伝は江戸一のベストセラー作家となっていきます。

◆狂歌ブームに便乗して蔦唐丸を名乗る

耕書堂が日本橋に進出した頃から江戸では空前の狂歌ブームが起こっていました。狂歌とは、五・七・五・七・七の和歌の形式の中で、社会風刺や皮肉、下ネタなどを盛り込んだもののことです。

狂歌は「連」と呼ばれるコミュニティで歌会が催され、当時の江戸の文芸界を牽引していた狂歌師・戯作者《げさくしゃ》たちの多くは「連」を主宰していました。狂歌は本来その場で読み捨てられることが基本でしたが、目ざとい蔦重がこのブームを見逃すはずはありません。

「蔦唐丸《つたのからまる》」の狂歌名で「連」に参加することで、大田南畝をはじめとする人気狂歌師の出版権を確保したのです。また自らも歌会を主宰。そこで詠まれた狂歌を次々

と独占出版することに成功します。

その後、徐々に狂歌人気に陰りが見えてくると、狂歌よりも挿絵である浮世絵中心の「狂歌絵本」にシフトします。

天明6（1786）年、当時を代表する狂歌師50人の肖像画を北尾政演《きたおまさのぶ》（山東京伝の画家名）が描いた『吾妻曲狂歌文庫《あずまぶりきょうかぶんこ》』はベストセラーになりました。すると蔦重はさらに思い切った狂歌絵本をプロデュースします。

無名ながらその才能を蔦重が高く評価していた喜多川歌麿に狂歌絵本の浮世絵を描かせたのです。ここから歌麿三部作と呼ばれる『画本虫撰《えほんむしえらみ》』『百千鳥狂歌合《ももちどりきょうかあわせ》』『潮干のつと』を発刊。喜多川歌麿の出世作になりました。

儲けのカラクリ 3

プロデュース戦略

才能を見出す才能

——有名作家に加えて若い新進作家への投資

◆蔦屋重三郎と親交があった主なクリエイターたち

ここでは蔦重とゆかりの作家・絵師たちのプロフィールを簡単に紹介しておきましょう。

朋誠堂喜三二《ほうせいどうきさんじ》(1735〜1813)

安永・天明期における黄表紙界を代表する作家で文壇の中心人物だった。狂歌では手柄岡持《てがらのおかもち》、笑い話本では道陀楼麻阿《どうだろうまあ》など、数多くの筆名を持っていた。本名は平沢常富《ひらさわつねとみ》。江戸生まれで秋田藩士・平沢氏の養子となり、昼は秋田（久保田）藩の江戸御留守居役（幕府や他藩との折衝役）を務めていたが、夜は吉原の文化人サロンに入り浸っていた。蔦重版「吉原細見」の序文をしばしば執筆。のちに寛政の改革を風刺した黄表紙『文武二道万石通《ぶんぶにどうまんごくどおし》』を出版したことで、藩主・佐竹義和から叱咤され、劇作の一切の筆を持つことを禁じられる。

恋川春町《こいかわはるまち》（1744〜1789）

朋誠堂喜三二と並ぶ安永・天明期の黄表紙作家。挿絵も自ら描いた。代表作に『金々先生栄花夢《きんきんせんせいえいがのゆめ》』などがある。朋誠堂喜三二とは友人で、喜三二の文に春町の画というコンビ作も多い。本名は倉橋格《くらはしいたる》。駿河小島藩・滝脇松平家の御年寄本役として藩の中枢の仕事に関わっていた。恋川春町というペンネームは、江戸藩邸のあった小石川春日町をもじったもの。寛政の改革を風刺した黄表紙『鸚鵡返《おうむがえし》 文武二道《ぶんぶのふたみち》』を出版したことで、老中松平定信から呼び出しを受けるが、病気として出頭せず、3カ月後に死去した。

山東京伝《さんとうきょうでん》（1761～1816）

天明・寛政期を代表する黄表紙・洒落本のベストセラー作家。浮世絵師「北尾政演《きたおまさのぶ》」としても知られている。20歳で作家デビュー。22歳で『御存商売物《ごぞんじのしょうばいもの》』が大田南畝に認められ人気作家に。耕書堂を版元に数々の話題作を出版し、生涯出版300点以上。一時期は江戸の出版物の3分の1が京伝作だったと言われている。本名岩瀬醒《いわせさむる》、通称京屋伝蔵。銀座で「京屋」という「たばこ入れ」の店を経営。店や商品を自らの作品に入れ込む手法によって繁盛店になった。しかし『青楼昼之世界錦之裏《せいろうひるのせかいにしきのうら》』『娼妓絹籭《しょうぎきぬぶるい》』『仕懸文庫《しかけぶんこ》』の3作品が寛政の改革の出版物取締令に触れ、京伝は手鎖五十日（手錠をしたまま自宅謹慎）の刑を受ける。

大田南畝《おおたなんぽ》（1749～1823）

天明期の狂歌ブームを牽引するカリスマ的な存在。南畝は、天明期には四方赤良《よものあから》、文化文政期には蜀山人《しょくさんじん》などの筆名で狂歌を作り、全国にその名を轟かせた。昼は幕府の下級官僚として真面目に働き、夜は狂歌サロンの中心人物として活躍。蔦重も、蔦唐丸《つたのからまる》の号で参加していた。耕書堂を版元として『虚言八百万八伝《うそはっぴゃくまんぱちでん》』などを出版している。寛政の改革を皮肉った「世の中に蚊ほどうるさきものはなしぶんぶ（文武）といひて夜もねられず」の作者と噂される。本人は否定するが、目をつけられたため、一時期、狂歌師を引退（のちに復活）。

◆歌麿も馬琴も蔦重が育てた

蔦重は、既存の有名作家や絵師だけでなく、無名の新人を発掘することにかけても優れた能力を持っていました。

中でも、無名だった浮世絵師喜多川歌麿と東洲斎写楽を見出してデビューさせたことは特筆すべきでしょう。

他にも、無名時代の曲亭馬琴や十返舎一九などを家に住まわせて、生活を援助していました。蔦重が生きていた頃は、2人ともにまだヒット作はありませんでしたが、のちに曲亭馬琴は『椿説弓張月《ちんせつゆみはりづき》』『南総里見八犬伝《なんそうさとみはっけんでん》』で、十返舎一九は『東海道中膝栗毛《とうかいどうちゅうひざくりげ》』で大ブレイクし歴史に名を残す有名作家になりました。

喜多川歌麿《きたがわうたまろ》（1753?～1806）
江戸を代表する浮世絵師のひとり。生年、出生地などは諸説あり不明。北川豊章《きたがわとよあき》の画号で浮世絵師としてデビューするが、30代半ばまで鳴かず飛ばずだった。蔦屋重三郎にその才能を見出され、狂歌絵本『画本虫撰《えほんむしえらみ》』や『百千鳥狂歌合《ももちどりきょうかあわせ》』で花鳥や虫類を繊細な筆致で描き注目を集める。また「枕絵」と呼ばれる情交を描いた春画も数多く描いた。そして40代を迎えた頃、大首絵（胸から上の構図）の手法で女性の表情の微細な変化を描いた美人画により大ブレイクし、時代の寵児に。その秀作の多くは耕書堂から出版されていることから、蔦重の企画・助言があったものと思われる。寛政9（1797）年の蔦重の死後は画風が変化、作品の質が低下したと言われる。

東洲斎写楽《とうしゅうさいしゃらく》（生没年不詳）
蔦重のプロデュースで、10カ月の短い期間に140点余の作品を発表し、世を賑わせた謎の浮世絵師。大胆にデフォルメされた役者の大首絵は個性的で強烈な印象を残した。出自や経歴については様々な研究がなされ、フィクションの題材にもされてきた。現在では阿波徳島藩蜂須賀家《あわとくしまはんはちすかけ》お抱えの能役者斎藤十郎兵衛という説が有力である。写楽の作品はすべて耕書堂から出版された。

曲亭馬琴《きょくていばきん》（1767〜1848）

江戸時代を代表する読本《よみほん》作家。武家出身で本名は滝沢興邦《たきざわおきくに》（のちに解《とくる》に改名）。滝沢馬琴とも。24歳の時、山東京伝に弟子入り志願。断られるが親しく付き合うようになる。その縁から蔦重が預かり、耕書堂で手代として雇われることに。商人に雇われることを恥じた馬琴は、武士の名を捨て改名したと言われている。30歳の頃から本格的な創作活動を始め、耕書堂から刊行された読本『高尾船字文《たかおせんじもん》』が出世作に。蔦重の死後、『椿説弓張月《ちんせつゆみはりづき》』や28年の歳月を費やして完成した『南総里見八犬伝《なんそうさとみはっけんでん》』などで国民的な作家となる。

十返舎一九《じっぺんしゃいっく》（1765～1831）

『東海道中膝栗毛《とうかいどうちゅうひざくりげ》』の作者として知られる江戸時代を代表する戯作者。駿河府中の同心の子として生まれる。本名は重田貞一《しげたさだかつ》。江戸や大坂で武家奉公をするが辞して浪人となった。大坂で近松余七《ちかまつよしち》の名で浄瑠璃作者となるが大成せず、30歳で江戸に戻る。蔦重のもとに寄宿して、耕書堂で用紙の加工や挿絵描きなどを手伝った。蔦重の死後、享和2（1802）年に出した『東海道中膝栗毛』が大ヒットして、一躍流行作家に。

葛飾北斎《かつしかほくさい》（1760？～1849）

『冨嶽三十六景《ふがくさんじゅうろっけい》』などで知られる世界的に評価が高い浮世絵師。生涯を通して約3万点と数多くの作品を残している。本名は、川村鉄蔵。30回以上も号を変えていて、時代によって作風も大きく変化している。売れない貧乏絵師だった30代初めの頃の北斎は、蔦重のもとで狂歌絵本の挿絵を描いていた。蔦重の死後、40代の頃には、曲亭馬琴の読本の挿絵を担当してヒット作を生み出している。現在において高く評価される錦絵を描くのは70歳を過ぎてからであり、90歳で亡くなるまで現役だった。

儲けのカラクリ 4

PR戦略

無名の新人絵師　東洲斎写楽のプロモーション

――派手なPRで世間の度肝を抜く

時代の寵児になった蔦重でしたが、白河藩主松平定信が老中首座になると一転して大きなピンチを迎えます。「寛政の改革」により質素倹約、風紀取り締まりが強化され出版界にも及んだのです。

ある種の見せしめとして処分されたのが、当時、出版界で飛ぶ鳥を落とす勢いだった山東京伝と蔦重でした。寛政3（1791）年、山東京伝の洒落本三部が摘発されると、版元の蔦重にも身上半減（財産の半分を没収）の刑が科せられました。蔦重のまわりにいた人気作家たちも幕府からの処分を恐れ次々と筆を折ります。

ただそれでへこたれる蔦重ではありません。**寛政の改革が下火になった寛政6**

（1794）年5月、正体不明の無名の新人絵師のデビューを大々的にプロデュースして再起をかけます。その新人絵師こそ、東洲斎写楽です。顔を極端にデフォルメすることで、その役者の個性を際立たせるというもので、誰とも似ていない独特な作風でした。しかもお金のかかる雲母《きら》摺《ずり》大判サイズの役者大首絵を一気に28枚も出すという破格の扱いで、多くの人が度肝を抜かれました。

新人作家をデビューさせる時は、これくらい派手なPRをするべきだという見本です。ただし写楽の絵は賛否両論をひきおこし、話題になった割には役者絵としては売れませんでした。

結局、写楽は約10カ月の期間内に、145点もの作品を版行すると、忽然と姿を消し絶筆してしまいます。

写楽のプロデュースをした3年後、蔦重は持病の脚気《かっけ》が悪化し48歳という若さで亡くなります。

◆大衆が求める本を提供し続ける

狂歌仲間で国学者の石川雅望《いしかわまさもち》（宿屋飯盛《やどやのめしもり》）が、蔦重の墓碣銘に刻んだとされる漢文が残っています（実際の蔦重の墓は関東大震災で焼失）。


「志気英邁にして、細節を修めず、人に接するに信を以てす」

（優れた気性を持ち、細かいことは気にせず、人と接する時には信義を重んずる）

「其の巧思妙算、他人の能く及ぶところにあらざる也。ついに大賈と為る」

（その発想力や計算高さは他人の及ぶところなくついに大商人になった）

また、若き日に耕書堂で働いていた曲亭馬琴は、同時代の作家を論じた『近世物之本江戸作者部類』の中で、蔦重のことを以下のように評しています。

「顧《おも》ふに件の蔦重は風流も無く文字もなけれど、世才人に捷《すぐ》れたりければ、当時の諸才子に愛顧せられ、その資《たすけ》によりて刊行の冊子、みな時好に称《かな》ひしかば、十余年の間に発跡して、一二を争ふ地本問屋になりぬ。世に吉原に遊びて産を破る者は多けれど、吉原より出て大賈になりたるは、いと得がたしと、人みないひけり」

（蔦重には風流も文才もないけれど、世渡りに優れ当時を代表する文化人たちに愛された。刊行した書物は時流にのっていたので、起業して十数年で有数の地本問屋になった。世に吉原で遊びすぎて破産してしまった者は多いが、吉原から出て大商人になった人物はなかなかいないと皆が言う）

これらの評を読むと、いかに蔦重が時代の空気を読むことに長けていたかがわかります。蔦重は、時代時代に合わせて大衆の求めるコンテンツを提供することで、ヒットメーカーであり続けました。

一方で、破天荒なパブリックイメージとは違い、手堅い安定収入がその活動を支えていたのです。

COLUMN

「TSUTAYA・蔦屋書店」と蔦重の意外な関係

現代のコンテンツマーケティングの雄

現在において「蔦屋」と聞いてまず思い浮かべるのが、レンタルビデオショップとして一世を風靡したTSUTAYAであり、代官山をはじめ函館、湘南、梅田、枚方、広島、銀座など全国各地にある蔦屋書店でしょう。これらはカルチュア・コンビニエンス・クラブ（CCC）とその関連会社が運営しています。

CCCの創業者である増田宗昭は、1951年生まれ。大学卒業後アパレル会社勤務を経て、1983年3月大阪府枚方市にTSUTAYA1号店となる「蔦屋書店枚方店」を開業しました。

「本、映画、音楽を通してライフスタイルを提案する」という理念のもと、本はもとよりレコード・ビデオ（主にレンタル）をマルチで扱う当時としては画期的な店舗でした。1985年にカルチュア・コンビニエンス・クラブを創業。その社名には「カルチュアインフラを創り続けること」という意味がこめられています。

1994年、「TSUTAYA恵比寿ガーデンプレイス店」をオープン。「無いビデオは、無い」をコンセプトに、深夜遅くまで多くのお客さんで賑わいました。

2003年には、六本木ヒルズ内にスターバックスと一体化したBOOK ＆ CAFE業態の「TSUTAYA TOKYO ROPPONGI」を開業します。

2003年からはTポイントサービスを開始。

2011年、「代官山 蔦屋書店」を中核とした「代官山 T-SITE」を開業し大きな話題になります。

さらに2013年、佐賀県武雄市で蔦屋書店やカフェを併設した図書館の運営に参画。

2015年、東京都世田谷区に「二子玉川 蔦屋家電」をオープン。

さらに近年では、いくつもの出版社や書店チェーンを傘下におさめ、出版・映像・音楽などのコンテンツの企画・制作をはじめ、様々な事業を行なう企業グループに発展しています。

「TSUTAYA」は「蔦屋」と関係ない？

蔦屋の名前は、増田の祖父の事業に由来します。主に土建業を営んでいましたが、同時に経営していた遊廓の置屋の名前が「蔦屋」だったのです。当時、増田は「蔦重」の存在をほとんど意識していなかったといいます。

しかし、のちに知人から「置屋が名前の由来だとイメージが悪いから、蔦屋重三郎から取ったと言え」と忠告を受けました。

その後も、「蔦屋の由来は蔦屋重三郎ですか？」と質問されることが多くなり、次第に蔦重のことに興味を持って調べるようになったとのことです。実際に、「蔦重」と「蔦屋書店」には驚くほどの共通点があります。増田自身もその著書（『知的資本論』）の中で、以下のように語っています。

「（蔦重のことを）知れば知るほど、自分との共通項の多さに驚かされる。最近では、もうほとんど他人の気がしないほどだ。レンタルとセルを組み合わせた商売が出発点だったと聞き及ぶに至っては、私が『ＴＳＵＴＡＹＡの名は蔦屋重三郎にあやかったものではない』と言っても、逆に誰も信じないのではないかとさえ思われた」

実際、偶然とはいえ両者のビジネスモデルは似ています。それは単に、「本を入り口に、様々な文化・アートなどを企画し世の中に広めていこうとすること」に限りません。今まで見てきたように、蔦重が様々な作家をプロデュースできたのは、「吉原細見」という安定したストックビジネスがあったからですが、ＣＣＣが発展してきたのも、安定した収益があったことが大きかったのです。

ＴＳＵＴＡＹＡは全国に１０００以上の店舗がありますが、直営店は10％もありません。そのほとんどがフランチャイズです。そこからの安定した収入があったからこそ、大きなチャレンジが可能だったのです。

蔦屋書店の成功

なかでも2011年の代官山 蔦屋書店のオープンは、最大のチャレンジでありイノベーションでした。高級住宅地の代官山に大きな敷地で莫大な費用をかけて新業態の書店をオープンすることに誰もが懐疑的でした。出店計画を役員会議に出すと、全員が反対したといいます。

それでも増田はその思いを貫き通し、株主に説明できないからと上場を廃止してまで、オープンにこぎつけたのです。

しかし業界関係者の予想に反して、代官山 蔦屋書店は幅広い多くの人たちに圧倒的な支持を受けます。それまでのややもすれば安っぽかったTSUTAYAのイメージを大きく変えたのです。

その後も、函館、湘南、梅田、枚方、銀座をはじめ日本全国に様々な形の蔦屋書店を広げていっています。

三井高利
（みつい・たかとし）

1622 ～ 1694 年◎三井グループの源となる三井越後屋の創業者。伊勢国松坂に生まれ、14 歳で江戸に出て、兄が営む呉服店で丁稚奉公から始める。しかしあまりの商才を兄から恐れられ、故郷に戻される。それ以降、24 年間松坂で金融業を営みながら時を待ち、52 歳で江戸に呉服店「三井越後屋（のちの三越）」を出店。「現金（銀）安売り、掛け値なし」など練りに練ったビジネスモデルで、様々なタブーを打ち破り、江戸に流通革命をもたらした。経営学者ピーター・ドラッカーをして「マーケティングは、日本で三井家の始祖（三井高利）によって発明された」と言わしめたほどの凄腕マーケターである。

第2章

徹底した顧客志向で
老舗が立ち並ぶ日本橋に流通革命を起こす

「三井越後屋」三井高利

三井高利、24年の雌伏の時をへて江戸進出

三井高利は江戸初期を代表するカリスマ商人です。

伊勢国松坂（現在の三重県松阪市）で酒屋・質屋を営む商家の四男四女の末っ子として生まれました。高利の父は武士の家系で商売に関心が薄く、商家の出である母（殊法《しゅほう》）が家業を取り仕切っていて、子供達に大きな影響を与えました。高利は兄が江戸で営む呉服店に14歳で丁稚として入店。18歳で実質的に店を仕切るようになり、繁盛店に飛躍させせます。しかしその商才を恐れた兄は、28歳になった高利に「病気の母の看病をせよ」と松坂に戻ることを命じます。

そこから24年間、母を支えつつ資金を貯め、江戸進出の機会を伺っていました。そして52歳でようやく江戸進出を果たしたのです。それが三井越後屋でした。

小さな店から江戸一の豪商へ

三井越後屋（以下越後屋）は、延宝元（１６７３）年、江戸本町一丁目（現在の

中央区日本橋本石町 日本銀行近く）に開業しました。まわりには徳川幕府が開かれた時に、京や大坂からやってきた老舗の大店《おおだな》が立ち並んでいる一等地です。

同時に京にも仕入れ専門店を開いた三井高利は、長男に京都店を、次男に江戸店を任せ、本人は松坂にいながら事業を指揮しました。

当初、江戸店は間口わずかに九尺（約2・7m）の小さな店でしたが、あっという間に大繁盛店になります。三男はその様子を「千里の野に虎を放ったような勢いであった」と記しています。その分、まわりの同業者からの嫌がらせも激しく、火事で延焼したのを機に、天和3（1683）年に駿河町（現在の中央区日本橋室町三越本店付近）に移転しました。そこから大躍進を遂げ、やがて幕府御用達店になり、江戸一の豪商になるのです。

儲けのカラクリ 1

シェアリング＋社会問題解決＋無料PR戦略

「番傘」の無料貸出

――シェアリング・エコノミーは江戸にもあった!?

高利は現在にも応用できるビジネスモデルを開発し、卓越したマーケティングを実行することで、江戸のビジネスにイノベーションを起こしました。

その戦略・戦術を順番にご紹介していきましょう。まずは、**越後屋の名前を江戸中に広め、ブランド価値を上げる役割を果たした「番傘の無料貸出」**です。

傘を貸して社会問題を解決

越後屋は、ロゴマークが大きく入った傘を常に大量に準備していました。そして、にわか雨が降ると、店頭でその傘を貸し出すサービスを実施したのです。顧客はもち

ろん、客以外の通行人にも貸し出しました。

当時、傘は大変高価なものでした。現在のビニール傘のように安価で気軽にどこにでも売っている商品ではありません。折り畳み傘も当然ありません。多くの町民は、濡れるか雨宿りしてやむのを待つしかなかったのです。雨に打たれて風邪をこじらせるなんてことも当然あったでしょう。

そんな傘を無料で貸してくれるのですから、町人にとって、こんなにありがたいサービスはありません。現在流行している「シェアリングサービス」の先駆けでもあり、社会問題の解決にも役立つイノベーションでした。

◆町人を「歩く広告塔」に

しかし、これは慈善事業としてだけ実施されたわけではありません。新参者の越後屋の名前を江戸中に知らしめる大きな役割があったのです。

にわか雨が降ると、江戸のあちらこちらで「越後屋」のマークが入った傘が開きました。その様子は、「江戸中を越後屋にして虹が吹き」「呉服屋の繁昌を知るにわか雨」などという川柳にもうたわれているほどです。

日本橋に店を構える呉服屋は、町人にとっては高嶺の花。今で言うブランドショップのようなものですから、越後屋の傘をさしていること自体が、ちょっとしたステータスだったと思われます。広告換算すると莫大な金額になり、大きなブランディング効果がありました。

儲けのカラクリ 2

ダイレクトマーケティング＋価格戦略

「店頭販売」という革命

――慣習を破壊《ディスラプト》し、顧客志向を徹底

「屋敷売り」から「店前《たなさき》売り」

当時の呉服商の売り方は、「見世物商い」と「屋敷売り」が一般的でした。見世物商いとは、前もって注文を聞き、後日、客の元へ商品を持参する方法。屋敷売りとは、直接、商品を武家の屋敷などに持参して売る販売方法です。

越後屋が採用した**「店前売り」**とは、客の要望や予算を聞きながら、店舗で商品を対面で販売する方法です。

お客さんにとっては、必要な時に店に出向き、いろいろな商品を見比べることができるというメリットがありました。

◆「掛け売り」から「現金正価販売」へ

掛け売りは、年に2回、盆と暮れの「掛け払い」のことで（12月だけの極月払いも）、江戸では一般的な手法でした。

ただし、現金化が遅れるため呉服商にとっては資金の回転が悪く、貸し倒れなどのリスクがありました。そのリスクを負う分が価格に反映され、結果として呉服は庶民には手が出ない高価格商品になっていました。また、「掛け払い」のために顧客によって価格も異なるのが普通だったのです。

三井越後屋は、この慣習を店舗の商品に値札をつけることで、**「現金払い」**に変えました。「現金払い」には貸し倒れなどのリスクがありません。そのため低価格での販売が実現できたのです。越後屋はその代わりに値引きはしない同一価格を打ち出しました。

◆「一反単位の販売」から「切り売り」へ

越後屋はそれまでの常識だった「一反単位での販売」から、客に必要な分だけ反物を切って販売する**「切り売り」**を採用します。これは呉服屋業界の慣行を破ったもので、周囲を驚かせました。

たとえば子供に呉服を買おうと思っても、これまでは布が余ってしまうから高くつくと親は躊躇するのが一般的でした。そこに「切り売り」が登場し、親が子供に買うニーズを取り込むことに成功したのです。その結果、幼少期から越後屋の顧客になり、のちにその子供が結婚する時にも利用してもらえるようになりました。

◆「時間がかかる仕立て」から「即座仕立て」へ

今までは納期まで数週間から数カ月かかっていたものを、即座に仕立てて渡す**「即座仕立て」**も実施。お客さんは欲しい時に商品が手に入るので好評を得ました。
これも慣習を打ち破る、越後屋の「顧客志向」を表すイノベーションです。

儲けのカラクリ 3

広告戦略＋効果測定

「現金安売り掛け値なし」

――日本初！　1行バカ売れコピー

◆本邦初の大々的な広告キャンペーン！

越後屋は、「店頭販売」などの画期的な販売方法を世の中に広めるために、広告に力を注ぎました。結果として越後屋は、日本における広告の先駆けとも言える存在になったのです。

特筆すべきは天和3（1683）年、本町から隣の駿河町に引っ越して再オープンする際、日本初と言われる引札（現在のチラシ）を使っての大々的な広告を実施したことでしょう。

その時のキャッチコピーは**「現金安売り掛け値なし」**です。これは「どんなお客さんにも値札通りの安い値段で提供します」という宣言でした。

世界初!? 広告測定を実施

この「現金安売り掛け値なし」の引札は、江戸中に5万枚以上も撒かれたと言われています（当時の江戸の人口は約50万人と推定されるので、その広告の規模が想像できるはずです）。それに加えて越後屋は、この広告の効果測定を実施しました。結果、売り上げは3カ月間にわたって60％増を記録。このような広告測定は、世界初と言われています。

その後も越後屋は江戸時代を通して何度か広告測定を行っています。

儲けのカラクリ 4

ブランド戦略

「暖簾印」によるブランドイメージ統一

——家紋を変えて新しいブランドロゴを採用

駿河町で再オープンをする頃、越後屋は、それまでの家紋に替えて、新たに暖簾印《のれんじるし》と呼ばれる店章（現在のブランドロゴ）を定めました。先祖から伝わる家紋を変える異例の決断でしたが、その後、**越後屋は、暖簾や看板はもとより、風呂敷や番傘にもロゴを使い、ブランドイメージを統一することになります。**

今で言う「ブランディング」ですが、このマー

三井越後屋の店章、通称“暖簾印”

クは段々と浸透していき、のちに幕府の御用達となってからは、信頼の証しとなりました。越後屋の暖簾印（〇と井桁と三）は、それぞれ天地人を表しています。

店を江戸の観光名所に

越後屋があった駿河町は、駿河国の富士山を望むことからつけられました。ここからの富士山の眺望は江戸一と言われていたこともあり、江戸時代に有数の観光名所となり、浮世絵などによく描かれることになります。店の様子も描かれることから、当然越後屋のブランド価値も上がったのです。

徹底した顧客志向で新規参入に成功

高利は「商いの道、何にても、新法工夫いたすべく候（商売をするなら何にでも創意工夫しなさい）」という言葉を残しています。今までみてきた徹底した顧客志向は、当時の江戸の激戦区・日本橋で新参者の越後屋が生き残っていくために生まれたものでした。

高利は「これからは町人が消費の主役になる」と分析し、顧客をこれまでの大名・旗本・豪商などの富裕層から、町人に替えたのです。さらに高利は旧来の販売法を破壊し、町人たちが買いやすいような価格や販売方法に変えました。その結果、越後屋は江戸の町民から圧倒的な支持を得たのです。

儲けのカラクリ 5

ブルーオーシャン戦略

今までにない「商機」を創り出す

――両替商としても大成功

越後屋、両替商に進出する

天和3（1683）年、高利は62歳のときに駿河町（現在の日本橋室町）の店舗を拡大しました。南側の敷地を東西に分けて、東側を呉服店、西側を両替店としたのです。これが後の三越百貨店、三井銀行（現三井住友銀行）のもとになります。

江戸時代の貨幣制度は、金・銀・銅（銭）の3種類からなる三貨制度で、単位の数え方や呼び名も違い、商品によって代金を支払う貨幣も違うのが当たり前でした。

幕府が定めたレート「金1両」＝「銀60匁《もんめ》」＝「銭4千文：4貫文」はありました

が、相場はその時々で頻繁に変わるので、買い物の時は計算が大変です。また高額取引では、江戸では「金」が使われ、上方（京・大坂）では「銀」が使われるという独自の風習（「江戸の金遣い、大坂の銀遣い」）もあり、とても複雑だったのです。

町人の間でも経済活動が盛んになってくると、それぞれの通貨を両替する必要が生まれます。高利はそこにいち早く目をつけたのです。

◆為替差益に目をつけ大儲け

貞享3（1686）年、高利（65歳）は仕入れ店のあった京でも両替商を開き、東西間の為替業務を行なうようになります。当時は前述したように江戸と上方で使われる貨幣が違うことで、様々な問題が発生していました。越後屋の江戸での売り上げは金貨ですが、仕入れの京・西陣で使われるのは銀貨。両替コストや為替変動リスクが大きかったのです。

この両替商の事業は、**のちに経済活動が活発化するにしたがって巨大な富を生むようになります。そして単なる両替にとどまらず、お金の預かり、貸し付け、送金**

など、現在の銀行の役割を果たすようになっていきます。

幕府の為替御用に

幕府も各藩から上納金を集める際、この貨幣制度の違いに困っていました。全国の各藩から年貢米や産物が集まってくるのは天下の台所大坂。そこでは銀貨で売買されます。それを金貨に両替し、江戸まで数十日かけて現金輸送していたからです。コストもかかるし、盗難の危険もあります。

この幕府のお金の流れは、越後屋のお金の流れとちょうど逆でした。これに目をつけた高利は、自ら幕府に「公金為替」の仕組みを提案します。「公金為替」とは、越後屋が、「幕府の大坂御用金蔵から公金を銀貨で預かり、60日後（のちに90日後）、江戸の金奉行に金貨で納付する」というもの。この提案は幕府にとってもメリットが大きかったため採用に至ったのです。

越後屋は「大坂御金蔵銀御為替御用《おおさかごきんぞうぎんおかわせごよう》」となり、大坂高麗橋《こうらいばし》にも両替店と呉服店を開業することになります。

公金為替自体の利幅はわずかでも、巨額の公金を数カ月間無利子で運用できるメリットは大きいものでした。また、京の仕入れは大坂で受け取った銀貨を使い、江戸での納付は店での売上金から行なえることから、**現金を運ぶ必要もなくなり莫大なコスト削減に繋がったのです。**

儲けのカラクリ 6

ホールディングス制

「三井大元方」で全事業を統括

——自分の死後も三井家の繁栄が続く仕組み

高利は、自らの亡きあとも三井家の繁栄が続くよう様々な手を打ちました。72歳の時、自分の余命が長くないという思いから、家法を考え、その腹案を子供に示します。彼らと合議して最終決定を下し、『宗寿居士古遺言』にしました。

その根本は「一家一本、身上一致」。**財産を分割して相続させることをせず、事業体と資本を兄弟の共有財産として一族で経営。それぞれの家が、毎年事業上の利益から定率の配当を受け取る仕組みにしました。**要は、誰かひとりに家督を継がせるのではなく、兄弟一致して「三井家」という事業を永続させるようにと考えたのです。嫡男のみが事業を継ぐことが一般的だった時代において、この考え方は斬新でした。

長男・高平は、高利の遺言をもとに、宝永7（1710）年、京に「三井大元《おおもと》方《かた》」を設置。これは、三井家の江戸・大坂・京都の全事業を統括する最高統制機関であり、三井家の資産を一括管理する機関でした。一族の者が起業する際には、その資金の貸し出しも行ないました。現在でいう、ホールディングス制の先駆けとも言える制度であり、まさに、高利の遺言の精神を引き継ぐものでした。

その後も、この制度を子孫たちが守っていったため、江戸時代はもとより、幕末の動乱も乗り越えました。三井家は明治維新後も、三井財閥（現三井グループ）としてさらに発展していくのです。

◆あの有名人たちも越後屋を大絶賛！

ピーター・ドラッカー

「マーケティングは1650年頃、日本で三井家の始祖（三井高利）によって発明された。シアーズ・ローバック（アメリカのデパート）の基本方針よりも優に250年も先んじていた。それだけでなく彼は、当時の日本の社会変動によって新たに都市化した、紳士階級［武士］と新興ブルジョアジー［町人］という新しい潜在的顧客が創出されたことに目をつけた」

『マネジメント』野田一夫、村上恒夫監訳（ダイヤモンド社）より要約

井原西鶴

「三井九郎右衛門という男（高利のこと）は、（略）すべて現金売りで掛値なしということに定めて、四十人余りの利口な手代を自由にあやつり、一人に一種類の品物を担当させた。（略）そんなふうであるから、家業が繁昌し、毎日金子《きんす》百五十両平均の商売をしたという。（略）この店の主人を見るに、目鼻手足があって、ほかの人と変わったところもないが、ただ家業のやり方にかけては人とは違って賢かった。**大商人の手本であろう**」

『新版日本永代蔵』堀切実訳（角川ソフィア文庫）より要約

COLUMN

日本初のデパートメントストア「三越」

越後屋、三井グループを離れる

革新的な商法で江戸を席巻した越後屋呉服店でしたが、幕末から明治にかけて深刻な経営不振に陥りました。武家社会の崩壊で大得意先を喪失した上に、三井高利が考案した画期的な商法も、この頃になると同業者の間で一般的になってしまっていたのです。

三井の統括機関である大元方は、何度も救済に乗り出しますが、成果は挙がりません。かつてグループの中心だった呉服店は、完全にお荷物と化していたのです。

明治5（1872）年、明治政府から三井首脳部に「呉服業から撤退して銀行設立に専念せよ」という指示がありました。政府は、日本に銀行制度を確立してその中心に三井を据えようと考えていたので、呉服店の不振が悪影響を及ぼさないか心配していたのです。

政府には逆らえない。しかし、伝統の家業を廃業するわけにもいかない。三井家は苦渋の決断で、呉服業を分離した上で、新たに設立した「三越家」に譲渡する形を取りました。「三越」の二文字は、三井と越後屋からそれぞれ一文字ずつ取ったものです。店章も「丸に井桁三」から「丸に越」に改められました。

「デパートメントストア宣言」で復活ののろし

明治の中期、越後屋は一度三井家に戻り「三井呉服店」となります。その後、三井銀行出身の日比《ひび》翁助《おうすけ》が中心となり、欧米のデパートを研究して陳列方式を見直すなど経営改革を進めました。

明治37（1904）年12月、「三井呉服店」は、株式会社化された上で「三越呉服店」となります。今回は、三井から独立したのです。

その後、日比は、全国主要新聞にのちに「デパートメントストア宣言」と呼ばれる広告を掲載しました。

この中で三越は、「これから商品の数を一層増やして、特に衣服装飾に関する品はすべて揃うようにして、アメリカのデパートメントストアを目指していく」と高らかに宣言しました。

実際に三越は、洋風の商品を中心に品揃えを充実させていきました。また食堂や写真室などの施設も設置します。日比の改革は、守旧派の抵抗や批判を受けながらも、日露戦争後の大都市圏のアッパーミドル（新中間層）のニーズと合致して支持されました。

「デパートメントストア宣言」は、日本における百貨店文化が生み出されるきっかけになりました。この宣言に刺激されるように、白木屋、いとう呉服店（現・松坂屋）、大丸、髙島屋、そごう、松屋など江戸創業の呉服店が、販売品目の多様化と陳列式営業を始め、百貨店へと業態を転換させていきました。

さらに、大正末期から昭和初期にかけては、大都市において百貨店の新規参入が相次ぎます。電鉄会社経営のターミナルデパート（大阪梅田の阪急百貨店など）や明治創業の新興呉服店系の百貨店（伊勢丹など）です。

この波は地方都市にも及んでいくようになり、その結果、全国の百貨店数は劇的に増えていきます。

◆日本初の本格的百貨店が完成

デパートメントストア宣言から10年後の大正3（1914）年10月1日、三越は、ルネッサンス様式の新館をオープンさせます。

鉄筋コンクリート地上5階、地下1階建ての当時国内最大の建築物で、日本初のエスカレーターと、エレベーター、スプリンクラー、全館暖房など最新設備が備えられたものでした。当時のマスコミは「スエズ運河以東最大の建築」と報道したといいます。

また食料品などの多様な品揃えを実現し、日本における近代百貨店の原型となる要素を備えた店でした。

ちなみに、現在も日本橋三越本店前に鎮座しているライオン像は、この時に設置されたものです。日比が百貨店開設の準備のため欧米を視察したときにイギリスで注文したもので、像の完成までに3年の歳月を要したといいます。

◆斬新な三越のPR戦略

日比はPR戦略にも長けていました。様々な施策が行なわれましたが、以下に代表的なものを挙げておきます。

①帝国劇場とのタイアップ

明治44（1911）年、日比谷に日本初の西洋式演劇劇場として「帝国劇場」がオープンしました。そこで上演される華やかな舞台は、最先端のエンターテインメントであり、庶民にとっては憧れの場所でした。

日比は、帝国劇場の来場客に無料で配付されるプログラムに目をつけ、三越の広告を載せて観劇後に買い物へと誘ったのです。そのキャッチコピーは「今日は帝劇、明日は三越」というものでした。このフレーズは当時の庶民の憧れをわかりやすい言葉で表現したもので、流行語にもなり一世を風靡《ふうび》しました。

②図案家・杉浦非水によるグラフィックデザイン

三越のブランドイメージ向上に大きな貢献をしたのが図案家の杉浦非水《ひすい》です。杉浦は現代日本におけるグラフィックデザイナーの草分けと言われる人物です。明治41（1908）年から三越呉服店の嘱託デザイナーになり、2年後には図案部主任として、PR雑誌の表紙をはじめ、ポスター・はがきなどすべてのデザインを一手に引き受けました。

やがて「三越の非水か、非水の三越か」と言われるほどになり、三越のハイカラなブランドイメージを確立しました。

③日本初のファッションショー

大正3（1914）年に建築された三越新館は、大正12（1923）年9月1日の関東大震災で被災し、火災に遭うなど大きな被害を受けました。

そこで、被災した建物の鉄骨や床スラブなどを生かしながらリニューアルし、昭和2（1927）年に鉄骨鉄筋コンクリート造り7階建の建物が完成しました。

これが現在の三越日本橋本店に受け継がれています。

増築された6階部分には、世界でも類を見ない百貨店の中の劇場として「三越ホール（現・三越劇場）」が設置されました。「建物だけでなく、文化的な復興を」という日比の想いが込められていたといいます。

同年9月には、三越ホールで日本初のファッションショーが開催されました。当時はまだ〝ファッションモデル〟という職業はなかったこともあり、水谷八重子

（初代）、東日出子、小林延子の当時人気の三女優が新作着物で日本舞踊を披露しました。

④日本初!? のネーミングライツ

昭和2（1927）年、浅草〜上野間に日本初の地下鉄（現在の銀座線）が開業します。しかし、その先を延長するのに資金不足に陥っていました。そこで、三越が建設費を負担するという条件で、三越日本橋本店前に駅が作られることになりました。

こうして昭和7（1932）年に「三越前」の駅が完成します。三越が支払った費用は現在の貨幣価値で「20億〜30億円」と言われています。

日本初の「ネーミングライツ（命名権）」と言えるかもしれません。

駅のホームからデパートの入口まで、店内同様の凝った装飾が施されているのはそのためです。「三越前」駅の開業により、三越への来店者数は大幅に増加しました。

このように、戦前の三越は、時代を先取りするトップランナーとして流行を作っていたのです。

前田正甫
（まえだ・まさとし）

1649～1706年◎富山藩二代目藩主。富山売薬の基礎を築いた人物として有名。初代藩主・前田利次の次男として生まれる。延宝2（1674）年、父の死去により家督を継いで藩主となる。新田開発や治水工事を行なって生産力を向上させることはもちろん、自領の低い農業生産力に頼るだけではない、その他の殖産興業に努めることで、藩財政を豊かにしようとした。正甫は病弱であったとされ、ゆえに薬学に興味を持ち、江戸城腹痛事件で名を揚げたとされる富山の反魂丹《はんごんたん》などの製薬業を奨励して諸国に広めた。

生産性の向上と産業の多角化で藩の財政を改善
世界に類を見ないビジネスモデル「置き薬」が誕生

第3章

富山藩二代目藩主
前田正甫
&越中富山の薬売り

◆二代藩主前田正甫、「反魂丹」に出会う

富山藩10万石は、寛永16(1639)年、100万石で有名な加賀藩の支藩として誕生しました。しかし、加賀前田宗家や豪商などからの巨額の借金で、藩の財政は常に火の車でした。分藩の時に加賀藩から家臣を数多く押しつけられたことに加え、火事で焼けたあと30年間放置されていた富山城の大改修を行なったことで、莫大な費用がかかったからです。

さらに富山藩の自然環境は苛酷でした。急峻な立山連峰からわずかな距離で海まで到達する神通川と常願寺川は暴れ川として知られ、毎年のように洪水を起こし田畑を水没させます。当然、安定した農業収入は期待できません。冬は雪で閉ざされ、春から夏にかけてはフェーン現象による急激な気温の上昇で大火に見舞われることもよくありました。借金を返すどころか、藩の財政がいつ破綻してもおかしくない状況だったのです。

このような藩の財政状況を打開しようと努力したのが、富山藩第二代目藩主前田

正甫《まさとし》でした。延宝2（1674）年、父の死去により26歳で家督を継いだ正甫は、治水工事や新田開発などを行なう一方、農業だけに頼っていては藩の未来はないと、様々な産業を発展させることに尽力しました。その中のひとつが売薬事業だったのです。

薬の調合に打ち込んだ「異例」の藩主

きっかけは、正甫が腹痛で苦しんだ時のことです。家臣が長崎から持参した「反《はん》魂丹《ごんたん》」という薬を飲むと嘘のように症状が治まりました。30代になった頃から持病があった正甫は、これをきっかけに薬学に興味を持ち、自分で薬を調合するほど入れ込むようになりました。富山はもともと薬草の産地だったのです。

天和3（1683）年、正甫は「反魂丹」を処方している備前（岡山県）の医師・万代常閑《まんだいじょうかん》を富山に呼び寄せ、目の前で調合方法を伝授してもらいました。「反魂丹」はもともと万代家の先祖が、堺に漂着した中国人から調合を教わり代々伝えていた秘伝中の秘伝です。それにもかかわらず、常閑は正甫に惜しげもなく教えてくれたといいます。

正甫は、富山城下の薬種商・松井屋源右衛門に「反魂丹」を調合させました。そして「反魂丹」を印籠に入れて常時携帯したといいます。松井屋の古文書に残る調合処方は、反魂丹は23種の生薬・鉱物成分からなることがわかっています。ちなみに名前にある「反魂」は「死者の魂を取り戻す」という意味です。

◆江戸城腹痛事件で有名に

正甫は、反魂丹などの薬の製造販売を、藩の産業に育てようと考えました。反魂丹の処方も「このような効能のある薬は秘密にすべきにあらず」と、松井屋以外の薬種商にも希望すれば公開しました。富山全体が製薬業で発展することを望んだのです。

元禄3（1690）年、「反魂丹」が一躍有名になる事件が江戸城で起こりました。第五代将軍・徳川綱吉に謁見するため、正甫が大広間で順番を待っていた時のことです。何やら城内が騒がしい様子。何事かと聞くと、「陸奥三春藩（現在の福島県）の藩主・秋田輝季《てるすえ》が激しい腹痛を訴えている」とのこと。

駆けつけた正甫は、まわりの大名たちがおろおろする中、あわてず腰の印籠から「反魂丹」を取り出し、苦しむ輝季に飲ませました。すると、輝季の腹痛は、みるみる治まったのです。正甫は、その薬効に驚く諸藩の大名たちに向かって「この薬は反魂丹といい、我が藩で製造されています」とアピールしました。大名たちは「ぜひともわが藩にも売り広めてほしい」と嘆願したといいます（但し、このエピソードは史料的な裏付けはありません）。


正甫は、松井屋をはじめとする城下の薬種商に「反魂丹」を大々的に製造させました。さらに、富山藩から出て全国どこでも薬を売り歩くことができる「他領商売勝手」を発布。松井屋の手代・八重崎屋源六に諸国行商を取り仕切らせました。他の藩で商売してもいいというお墨付きは、当時としては画期的な政策です。

その後、**官民一体となった薬の販売は、江戸時代を通じて富山藩の一大事業に発展していくのです。**

儲けのカラクリ 1

顧客信用ビジネス

置き薬の「先用後利」というコンセプト

――まず客の用に立ち、利益はあとから

富山の薬売りは、「置き薬」というビジネスモデルで販売を行なったのが特徴です。「置き薬」は、「無料で薬箱を置いて帰り、後日訪れた時に使われた分だけ集金する」というシステムです。決まった行商人が一年に1～2回顧客のところを訪れて集金し、商品を補充します。

お客さん側からすると、押し売りされるわけではなく、薬を置くのを頼まれるだけなので負担に感じません。無料で置いていくぐらいだから、薬効に自信があるのだろうと信頼もします。また万が一、病気の時に薬があるのは心強いわけで、断る理由はないと言えるでしょう。

この**「まず、お客さんの用に立ててもらって、利益はあとからもらう」という考え方は「先用後利《せんようこうり》」**といい、富山売薬の基本理念です。「用を先にし利を後にし、医療の仁恵に浴せざる寒村僻地にまで広く救療の志を貫通せよ」という、正甫が示した方針から生まれました。**顧客信用ビジネスの先駆けで、世界に類を見ない商法です。**

江戸時代、他の藩から来る商人は完全なよそ者です。簡単に信用はしてもらえません。当時の薬売りは、誇大な効能を語りながら売る大道商人が多く、信頼性も低かったのです。また、現金収入の少なかった江戸時代の農山村や漁村では、今すぐ必要でない高額の薬を買う余裕はありませんでした。

こうした時代背景のもと、信頼できる医薬品を無料で預けてくれ、必用な時に使用できて代金は後払いという「置き薬」のシステムは、庶民のニーズにあった画期的な商法であり、優れたマーケティング戦略だったのです。

これは、薬という商品が運ぶのに軽く、利益率が高いからこそ成立するシステムでした。

儲けのカラクリ 2

官民一体ビジネス

異例の「他領商売勝手」

——富山藩を挙げての官民一体ビジネス

◆歴代藩主が保護・育成・規制

富山の薬売りの特徴は、藩と商人が一緒になってビジネスの仕組みを作り上げていったことです。現在で言うところの官民一体ビジネスです。

正甫が発布した「他領商売勝手」は、現代で言うと他国に行って外貨を稼いでこいということです。領民はできるだけ外に出ていかせないようにするのが常識だった江戸時代の藩では異例の政策でした。

しかし、商人だけが儲かるのでは、藩の財政は改善されません。好き勝手な商売をすると他藩からクレームをつけられ、外交問題に発展するリスクもあります。

誰かがクオリティの低い薬の販売をすると、富山藩全体の信用を落とすことにもなりかねません。そのような理由から、富山の売薬商人たちの行商は、藩により厳しく管理されていたのです。

歴代の富山藩主は、売薬産業の保護・育成・規制に取り組みました。

明和2（1765）年、第六代藩主前田利與《としとも》は反魂丹役所を設立し、行商人の身分証明、資金援助、他藩への取次などを藩として支援するようにしました。また、売り上げに応じて、富山藩に税金を納めるという仕組みを構築しました。

◆チームプレイで必ず富山に帰る

地方ごとに仲間組も設定されました。その地区の仲間組に入らないと、そこでは商売ができないという仕組みです。これにより新規参入を抑えるとともに、値引きの禁止など価格協定も行なわれていました。富山の売薬商人たちの全国への行商は、仲間組によって厳重に管理されていたのです。

行商人たちは他藩で商売することから、商売先ではできるだけ目立たないように細心の注意を払っていました。城下町など商業が盛んなところには行かずに、農村を中心に行商に回りました。現地の商人と競合するトラブルを避けるためです。

富山の薬売りは、チームプレイで商売するのが原則でした。よって個人名で語られるような有名な「豪商」は生まれません。また、仲間組によって厳重に管理されていたので、商人たちは行商が終わると必ず故郷富山に戻ってくることも特徴でした。近江商人や伊勢商人たちは、同じように行商からスタートしても、お金を貯めると江戸や京に店を出して移住することが多かったのに比べると対照的です。

儲けのカラクリ 3

データベースによる顧客管理戦略

「懸場帳」で需要予測

──顧客情報データベースの作成

富山の薬売りにとって、命の次に大切なものは「懸場帳《かけばちょう》」でした。簡単に言うと「帳簿兼顧客名簿」です。

そこには、**お客さんの住所、名前、家族構成などの基本情報はもちろん、配置した薬の品目数量、前回までの訪問日、集金した金額、そこでかわしたやりとり、持病、家族構成やその変化なども訪問のたびに書き加えられていきました。**まさに顧客のデータベースです。

懸場帳があることで、過去の履歴を見て顧客と話すことができ、コミュニケーションも円滑になります。在庫管理や次回の需要予測を立てることもできました。

また、新しい行商人が担当することになった場合もスムーズに引き継げます。

反魂丹役所は、この懸場帳を管理することで個々の売上を把握して、税の徴収をしていたといいます。

代々引き継がれた懸場帳は、やがて大きな価値を持つようになり、高額で取引されることもあったようです。

儲けのカラクリ 4

囲い込み戦略

日本初！　販促ツールとしてのおまけ商法
――ロイヤルカスタマーへの特典

富山の薬売りたちの旅は、秋と春に行なわれることが多かったといいます。秋の収穫期や冬の出稼ぎから帰る時期にあたり、訪問先の家々にお金があるからです。

富山の置き薬の特徴のひとつに、おまけ（おみやげ）がありました。**売上金額に応じたおまけを渡すことで、顧客とのコミュニケーションを図ったのです。日本初の販促ツールであり「おまけ商法」の始まりと言われています。**

初期の頃、人気があったのが富山絵（錦絵）と呼ばれた売薬版画（浮世絵）です。歌舞伎役者や名所の風景などが描かれていました。仕入れ値を安くするために色数を3～5色に抑え、富山の版元で富山の絵師によって刷られていたといいます。

のちになると子供向けの紙風船が人気になりました。上得意には、輪島塗の塗箸、九谷焼の湯飲みなどを渡しました。いずれも持ち運びに便利な軽いものが選ばれていたのです。

このようなおまけやおみやげ、また訪問先の各地で仕入れたニュースを伝えてくれることから、年に1～2回の富山の薬売りの訪問を楽しみに待っていた家庭も多かったとのこと。富山の薬売りたちは、顧客をうまく囲い込んでいたのです。

また、他藩で商売することから、現地の藩の役人や地元の有力者たちにこまめに付け届けをしていました。

下村彦右衛門正啓
（しもむら・ひこえもんしょうけい）

1688 ～ 1748 年◎大丸百貨店の創業者。京都伏見で生まれ、19 歳の時に父祖の古着屋「大文字屋」を継いで行商を始めた。30 歳で京都伏見に小店舗を開いたのち、八文字屋甚右衛門と共同出資で大坂に「松屋」を開店。「現金正札販売」で繁盛店となり、名古屋にも進出。「大丸」を名乗り、享保 16（1731）年から単独経営となった。晩年は「先義後利《せんぎこうり》」を理念に掲げ、社会貢献活動にも没頭。背が低く頭が大きく、耳たぶが垂れ下がった風貌で商売を成功させたことから、「福助人形」のモデルとして伝えられている。

第4章

高い目標を掲げ手段を選ばず邁進！
ビジョンを掲げてそれを実行した

「大丸」下村彦右衛門正啓

◆傾きかけた家業を継ぐ

大丸百貨店の始祖、下村彦右衛門正啓《しょうけい》は、元禄元（1688）年、父下村三郎兵衛の三男として京都伏見で生まれました。家業は大文字屋という古手屋（古着屋）でした。当時の庶民は、着物を新調するお金はないので、古着屋で買うのが一般的でした。

正啓が19歳で老齢の父の店を継いだ時、下村家は困窮の真っ只中にありました。祖父からの財産を父が食いつぶしたからです。正啓には2人の兄がいましたが、長兄は早世し、次兄は優柔不断で商売に向いていませんでした。

そんな状況を改善すべく、正啓は京都で仕入れた古着を大風呂敷に包んで背負い、伏見まで運んで売るという地道な商売を続けました。片道3里（12キロ）の道のりを毎日往復しました。一度に商品を仕入れるお金がなかったからです。

正啓は、背が低く頭が大きく耳たぶが垂れ下がっていました。それ故、容姿のことをからかわれることが多かったのですが、いつもニコニコと客に接する姿は誰からも好かれました。このことから、正啓が縁起物の福助人形のモデルだとする説もあります。

自らの店を創業し大きな野望を持つ

享保2（1717）年、コツコツと貯めたお金で、正啓は伏見の一角に小さな自分の店を開きました。30歳で念願の店持商人になったのです。屋号はまだ大文字屋でしたが、大丸はこの年を創業年としています。またこの頃から古着だけでなく、新物呉服も扱うようになりました。

当時、商人の間では、「江戸店持京商人」が理想で成功の証しと考えられていました。本店や仕入れ部門は優れた文化や製造技術がある京に構えながら、政治の中心で消費人口が多い江戸に支店を置き、そこで売って儲けるというものです。

しかし、**正啓はより大きな野望を持っていました。「天下一の商人になる」というものです。**そのために、**京と江戸だけでなく、大坂や名古屋にも目を向けていました。**当時の大坂は、天下の台所と呼ばれ全国の物流や経済の中心地。名古屋は上方と関東を結ぶ交通の要衝で、江戸進出への足掛かりにもなります。徳川御三家筆頭尾張藩の城下町で、政治的にも安定していました。まだ小さな店の頃から、正啓は手代を名古屋の視察に向かわせ市場調査を行なっていたのです。

◆大坂での成功　名古屋へ進出

創業から9年後の享保11（1726）年、正啓はようやく大坂進出を果たします。場所は心斎橋から1町（約110メートル）ばかり南の木挽北ノ町西側。間口1間×奥行2間（1間は1・8メートル）のごく小さな店でした。しかも、共同経営。売り出された「松屋」という店を、同業者の八文字屋甚右衛門とともに買い取ったのです。正啓にまだ単独で店を買う力はありませんでした。ちなみに、現在もこの場所には、大丸の本店にあたる心斎橋店が立っています。

この小さな店舗から正啓の快進撃が始まりました。江戸で繁盛していた「三井越後屋」の商法を徹底的に真似たのです。三井高利が「現金安売り掛け値なし」という商法を発案してから約50年がたっていましたが、大坂ではまだ一般的ではありませんでした。

「贅沢品である呉服を現金で売るなどありえない。江戸では通用しても上方では無理だ」と同業者たちは考えていたのです。しかし予想に反し、現金商法はたちまち大評判を呼びました。売れに売れたのです。

大坂で成功した正啓は、2年後の享保13(1728)年には、名古屋本町四丁目に名古屋店を開き、初めて「大丸屋」と称します。現在でも使われている、大の字を〇《マル》で囲った商標も、この時に定められました。マルは「宇宙」を表し、「大」は一と人を組み合わせたもの。天下一の商人を目指す心意気を表現したものです。

この頃、江戸幕府は八代将軍徳川吉宗の治世。財政危機を立て直すため、質素契約令を出し、贅沢を徹底的に取り締まりました。将軍自らも、木綿の着物で節約の権化のような生活を送っていたのです。それに反して、当時の尾張藩主徳川宗春は、派手好きで幕府に対抗するような開放的な政策を打ち出していました。そのため城下の名古屋も大いに賑わい、呉服の需要も増大していました。大丸もその流れに乗って大繁盛し、藩主宗春の御用達を務めるまでになりました。この頃、大坂店も共同経営を解消し、単独で経営するようになります。

◆「先義後利」のビジョンを掲げ理念経営へ

大坂と名古屋の大成功で、大丸は大店と呼ばれ、正啓も豪商の仲間入りをしていました。しかし正啓の胸の中には、ただ利益を追い求める生き方への疑問が芽生え始めていたのです。禅寺に通い坐禅を組みながら、自分が何のために商売をするのかについて思いを巡らしました。

商人は、世の中に必要な商品を必要な場所に届けた御礼として利益を得ることができる。利益そのものが商売の目的ではない。そのような思いを禅僧に話すと、中国の儒学者荀子《じゅんし》の「栄辱篇」にある「先義而後利者栄（義を先にして利を後にする者は栄える）」という言葉を教えてもらいました。「義」とは人としての道。まず**「人としての正しい道」をきちんと全うして商売に励めば「利（＝利益）」は自ずとついてくる**という意味です。略して**「先義後利《せんぎこうり》」**と呼ばれる大丸の「経営理念（店是）」が誕生した瞬間でした。

元文元（1736）年、正啓は「先義而後利者栄」という言葉を自らの筆でしたため掛け軸にし、翌年には全店舗の店頭に掲げました。

◆待望の江戸進出を見届け隠居

同じ頃、京・東洞院船屋町に大丸総本店「大文字屋」を開店します。この店は間口38間（約68メートル）、奥行55間（約100メートル）、面積は約2000坪という広大なものでした。

さらに寛保3（1743）年、江戸日本橋大伝馬町三丁目に待望の江戸店を開業します。江戸には三井越後屋をはじめ名だたる呉服屋が存在していましたが、大丸はわずかの間に彼らと肩を並べる大店となりました。こうして四都（京・大坂・名古屋・江戸）に店を持った正啓は、一代で日本有数の呉服商になったのです。

江戸進出を見届けると、正啓は家督を息子に譲り隠居しました。亡くなるまでの4年間に、年末の貧民救済の施行など、多くの社会奉仕事業と家訓の作成に没頭したと言われています。

儲けのカラクリ 1

創造的模倣戦略

成功したモデルを場所を変えて実施する

――「現金安売り掛け値なし」の転用

ここからは、下村彦右衛門正啓の実施した施策と、「儲けのカラクリ」を見ていきましょう。

大丸がブレイクしたきっかけは、大坂の地で、三井越後屋の商法を徹底して模倣したことでした。「現金安売り掛け値なし」は、江戸では当たり前となりつつあるビジネスモデルでしたが、大坂ではまだ普及していなかったのです。

そこに目をつけた正啓でしたが、これが予想以上に当たります。今まで呉服を買えなかった庶民にまで客層が広がりました。実は庶民の力が強い大坂の地にぴったりの商法だったのです。

正啓は当初、通常の見世物商い（富裕層への外商）も併行して行なうつもりでした。しかし店頭売りのあまりの繁盛ぶりに外商どころではなくなり、店員を増員し、店も改築して増床することになります。

名古屋に出店した時も、当地ではまだ一般的でなかった「現金安売り掛け値なし」の商法を実行しました。同業者から数々の嫌がらせを受けますが、庶民から圧倒的な支持を得て店は繁盛したのです。

儲けのカラクリ2

PR戦略

江戸進出に向けて萌黄色の風呂敷を広める

——模倣だけでない斬新なPR戦術

正啓は、三井越後屋の宣伝手法にも大いに感化されました。たとえば、**雨が降ると無料で大丸のロゴが入った傘を貸し出しました。**この「大丸借傘」は越後屋のアイデアをそのまま模倣したものでしたが、○に大の字が入っただけのデザインは見栄えがよかったため、歌舞伎の舞台に登場したり、浮世絵にも描かれたりしました。

ただ模倣をするだけでなく、新しいアイデアでのPR戦術も次々と実施します。**京や大坂の主な神社や寺院に大丸のロゴ入りの手ぬぐいを大量に寄進しました。**多くの人が手洗いの時にそれを見るので宣伝効果抜群です。

◆江戸進出にむけてのPR戦略

正啓は江戸店オープンにむけて、数年前から着々とPRを進めていました。**萌黄色《もえぎ》（黄緑色）に大丸の商標を染め抜いた派手な風呂敷を大量に作ったのです。**当時、大丸は江戸の呉服屋に商品を卸していました。その輸送に使ったのです。

東海道を移動する旅人たちは、大丸の目立つ風呂敷をよく目にすることになります。また、荷物の中にもその風呂敷を同梱しておきました。すると、江戸の取引先の店員が便利でおしゃれだということで、荷物を持ち運ぶ際に使ってくれました。そして、その派手な風呂敷は江戸の町でよく目撃されるようになります。数年後、江戸に進出した時には、大丸の商標は江戸庶民の間でもかなり有名になっていたのです。

◆受け継がれるPR上手の伝統

正啓の死後もPR上手の伝統は受け継がれていきます。

宝暦8（1758）年、前将軍徳川吉宗の孫にあたる松平定信（のちに白河藩主の養子になり、老中として寛政の改革を指揮）が誕生しました。その際、大丸が産着の御用を受けたところ順調に育ちました。それにあやかり、江戸店で同じ商品を「子育産着」と名付けて売り出したところ、大評判となって非常によく売れたといいます。

儲けのカラクリ 3

ビジョナリー戦略

「先義後利」というビジョン

――理念経営の先駆け

正啓は**「先義後利」**という理念を、お題目にしませんでした。日頃から息子や従業員たちに対して以下のようなことを繰り返し説き、**理念を徹底的に浸透させていたのです。**

「お客のためにならぬものは絶対に売らないように。目先の利益ばかりを考える商いは私は嫌いだ。お客がどんなに急ぎで欲しいものであっても、足元を見て高値をつけてはいけない。たとえ大名であっても、庶民の子供であってもお客に上下をつけて接してはならない」

儲けのカラクリ 4

ソーシャルグッド戦略

貧民救済などの社会貢献

——富めば好んでその徳を行なう

正啓は、貧民救済などの社会奉仕活動にもひときわ熱心でした。大丸で売られていた商品は、値札の裏に「富好行其徳（富めば好んでその徳を行なう）」の五文字が刷り込まれていました。

これは『史記』貨殖列伝を出典とする言葉で、「富める者は徳を行なうことが義務である」という考えを示したものだと言われています。

実際、正啓は年末には欠かさず貧民救済の施行《せぎょう》を行ないました。自らも京の下町に出向き、寒空の下、衣類や食事をふるまうのです。

当初は密かに実施されていましたが、やがて世に知られるようになり歳末の恒例行事となりました。正啓の没後も、この習慣は絶えることなく続き、多い年にはこの施行に、銀53貫（約7000万円）を費やしたといいます。

大丸は義商なり。犯すなかれ

時代は下って、天保8（1837）年、大坂で「大塩平八郎の乱」が勃発します。大坂東町奉行の元与力であり陽明学者でもある大塩平八郎が起こした江戸幕府への反乱です。米不足で飢饉に苦しむ庶民の窮状を顧みず、幕府の顔色だけを窺う役人と私腹を肥やすことに執着する豪商たちに対する怒りが原動力でした。

大塩が率いた群衆は、「救民」と書いた旗を掲げ、鴻池善右衛門《こうのいけぜんえもん》や天王寺屋五兵衛《てんのうじやごへえ》などの豪商の屋敷を次々に襲撃して火を放ち、奪った米や金銀を貧しい人たちに配りました。しかし心斎橋の大丸は火を放たれず被害を免れたのです。

当時、大塩が「大丸は義商なり。犯すなかれ」と命じて群衆を抑えたためだという噂が大坂中に広がりました。結局、反乱は1日で制圧され、大塩も自害に追い込まれたので、真偽は明らかではありません。ただそのような噂が広まるほど、「大丸＝義商」という評判が定着していたということでしょう。

2007年、大丸は松坂屋と合併して共同持株会社「J．フロント リテイリング株式会社」を設立し、その傘下に入りました。社是は、今でも「先義後利」が受け継がれています。

◆大丸心斎橋店の現在

正啓が間口1間で借りた場所から発展した大丸心斎橋店。

1933年には、この地にアメリカ人建築家ウィリアム・メレル・ヴォーリズが設計したネオ・ゴシック様式のデパートメントストアが完成しました。

この建物は長年、御堂筋沿いのランドマークとして親しまれてきましたが、老朽化のために2015年に建て替えが決定。4年の歳月をかけて2019年9月20日にグランドオープンしました。

名建築を惜しむ声が多かったため、中層階まではできる限り旧館のデザインが残されています。

社会に貢献しながら
きっちり稼ぐ

河村瑞賢
（かわむら・ずいけん）

1618 ～ 1699 年◎伊勢国度会《わたらい》郡（現在の三重県度会郡）の貧農に生まれる。13 歳で 江戸に出て、土木工事の人足頭などで徐々に資産を増やし、30 代の頃に材木商を営むようになったと言われている。40 歳の時、明暦の大火が起こる。その際、瑞賢は誰よりも早く木曽に向かい材木を買い占めることで莫大な富を得た。その後、老中で相模小田原藩主の稲葉正則と懇意になり、幕府の公共事業に関わっていく。その中で、東廻り・西廻り航路の開拓、越後高田藩の中江用水や鉱山開発の指導、大坂淀川河口の治水事業にも携わる。これらの功績により、晩年は旗本に列せられ、幕府より禄米150 俵を賜る。

第5章

社会課題を解決しつつ事業を拡大
〝天下にならぶものなしの富商〟に

材木商

河村瑞賢

◆豪商のち公共事業に身を捧げた男

河村瑞賢は、材木商として財をなしました。明暦の大火で焼け野原になった江戸の復興に貢献したことから、瑞賢は幕府の重臣たちからもその存在を知られるようになります。

そして、彼が真骨頂を発揮するのは、当時は隠居する年代であった50代になってからです。その後半生を物資輸送のための海運航路の整備・治水工事・新田開発・鉱山開発など公共事業に捧げたのです。

瑞賢がプロジェクトリーダーとして総指揮を執った数々の公共事業によって、江戸はもとより日本全国の町が発展しました。その後、江戸は人口１００万という世界的な都市に発展を遂げますが、その礎を築いたのは瑞賢だといっても過言ではありません。また大坂が「天下の台所」と呼ばれるようになったのも、瑞賢の治水工事のおかげです。瑞賢が行なった公共事業が、東北地方と江戸・大坂を結び付け、日本という国を一つにしたと言ってもいいでしょう。

社会問題を解決しながら収益を上げる

それらの事業は、決して幕府や藩のためだけに実施されたものではありません。江戸や大坂の町人はもとより、全国の中小の商人や農民などにも大きな実益をもたらし、様々な社会課題を解決する画期的なものでした。物流や治水が整備されると、経済は飛躍的に発展します。それは瑞賢の本業である材木商を繁盛させることにも繋がりました。その結果、瑞賢は江戸でも有数の豪商となったのです。

社会問題を解決しながら、きちんと事業収益を上げるというモデルは、現在におけるソーシャルビジネスの先駆けだと言えるでしょう。

晩年はその大きな功績から、江戸幕府より旗本の地位を賜りました。正徳の治を行なった儒学者新井《あらい》白石《はくせき》をして「町人にての大智の者と申し候」**「天下にならぶものなしの富商」**と唸《うな》らせたほどです。

儲けのカラクリ 1

ソーシャルビジネス

江戸の米不足を解決せよ！

——東廻り航路、西廻り航路の開拓

◆瑞賢53歳で国家的課題を託される

徳川幕府四代将軍家綱《いえつな》の時代。明暦の大火からの復興で、江戸の人口が爆発的に増え主食である米の不足が顕著になります。東北地方の天領（幕府直轄地）の米が効率よく江戸に運ばれていなかったことも要因のひとつでした。

その物流改善の責任者として白羽の矢が立ったのが、大商人として知られるようになった河村瑞賢でした。江戸復興事業を通じて、その手腕を高く評価されていたからです。寛文10（1670）年、瑞賢53歳の時、将軍後見役の保科正之《ほしなまさゆき》から「陸奥国伊達郡（現在の福島県）の幕府領地米数万石を効率よく江戸に輸送するための航路を開拓せよ」と命じられました。

当時、大量の米を峠が多い陸路で長距離輸送することは困難で、原則として船（川舟・海船）で運びます。しかし、犬吠埼《いぬぼうさき》沖と房総半島沖は難所中の難所で、たびたび海難事故が起こっていました。特に、大量の米を載せての航海はリスクが高かったのです。そこで従来は銚子で米を川舟に積み換え、利根川をかなり上流まで上り、そこから江戸川を下って江戸に運んでいました。積み替えが多く距離もあるため、輸送に1年近くの時間と膨大な費用がかかり、不正による損失米も多くとても効率が悪かったのです。このままでは、早晩、江戸で米が足りなくなります。

東廻り航路～自ら現地調査してボトルネックを解消

瑞賢は、さっそく現地調査を行ない、問題点を洗い出しました。**幕府も商人も目先の利益にとらわれ、安い運賃でできるだけ早く多く運ぶことを優先したことが不正や海難事故の原因だったことも**突き止めました。

そして以下の4つの施策を実行しました。

①安全性を優先

海運技術が進んでいた伊勢・尾張・紀伊の商船と、熟練した船頭・水夫を高い報酬で雇った。

②幕府直轄の船であることを示す

御城米船《ごじょうまいせん》のノボリを掲げさせ、沿岸の藩にはその保護に当たらせる。

③過積載を徹底管理

途中の寄港地を3カ所に定め、立務所を設けて荷物を検査した。

④事故のリスクを軽減

房総半島から無理に江戸湾に入るのではなく、一度伊豆半島の下田に寄港してから西南の風を待った上で江戸に入るようにした。遠回りだが、安全性は格段に上がり、事故のリスクは減った。

この新ルートは「東廻り航路」と呼ばれました。実際に運航が始まると、**大量の米は、3カ月で一升も失われることなく江戸に運ばれ、大成功を収めた**のです。

◆西廻り航路～2400キロの航海ルートを徹底調査

寛文12(1672)年、東廻り航路開発の功績を高く評価した幕府は、今度は出羽国(現在の山形県)の幕府領地米数万石の輸送ルート開発を瑞賢に命じます。

こちらも複雑なルート(出羽～福井～琵琶湖～大津～桑名～海路で江戸)を通って運ばれていたため、約1年かかっていました。しかも、大半の米は江戸に運ばれることなく大坂で現金化されていました。

瑞賢は、出羽の酒田から日本海を関門海峡まで西に進み、そこから瀬戸内海に入り、大坂を経由して紀州沖・遠州灘・下田を経て江戸に入るという西廻り航路が最適だと考えました。これだと距離的には大きく遠回りになるものの、荷物の積み降ろしをせずにずっと海路で運搬できます。

ただし、全長2400キロにわたる長距離の航路になるので、寄港地の選定から難所をどう乗り越えるか等、全国各地でリスクに対する備えが重要になります。瑞賢は、使用人を航路先に向かわせ、地理や港湾の様子、現地の商人たちの利害関係などを詳しく調べさせました。その結果をまとめ、幕府に以下の7つのポイントを書いた提案書を提出したのです。

①使用する船の変更

商人請負を改め、幕府直轄の船とする。

頑丈で知られる讃岐・塩飽《しわく》など東瀬戸内海の船と船頭を雇う。

②最上川上流から酒田までの輸送の改善

上流の舟持ちだけが独占していたが、それを改め下流の舟持ちにも分配。

請負人負担だった舟賃を幕府が負担。

③酒田における米の保管方法の改善

商人の蔵に保管していたが、御城米専用の野積みの米蔵を建て保管する。

船積み費用を酒田の領主から幕府負担にする。

④寄港地の10カ所の制定

東廻り航路と同様に御城米船のノボリを掲げる。

寄港地10カ所に立務所を設ける。入港税の免除。

⑤難所の整備

岩礁が多い関門海峡には水先案内船で備える。

志摩菅島《すがしま》では、毎夜烽火を上げ廻漕船の目標とする。

⑥春分前後を避けて北上

毎年春分前後は強い西風が吹くので、その時期を避けて北上する。

⑦瑞賢自身の目で現地調査して確かめる

幕府はこれらの提案をすべて受け入れました。その後、瑞賢は酒田から実際に西廻りで船で移動し、現地での利害関係を整理していきました。その結果はめざましいものでした。奥羽の米は従来1年かかっていたのが、約5カ月で江戸に入るようになり、損失米も大幅に減りました。

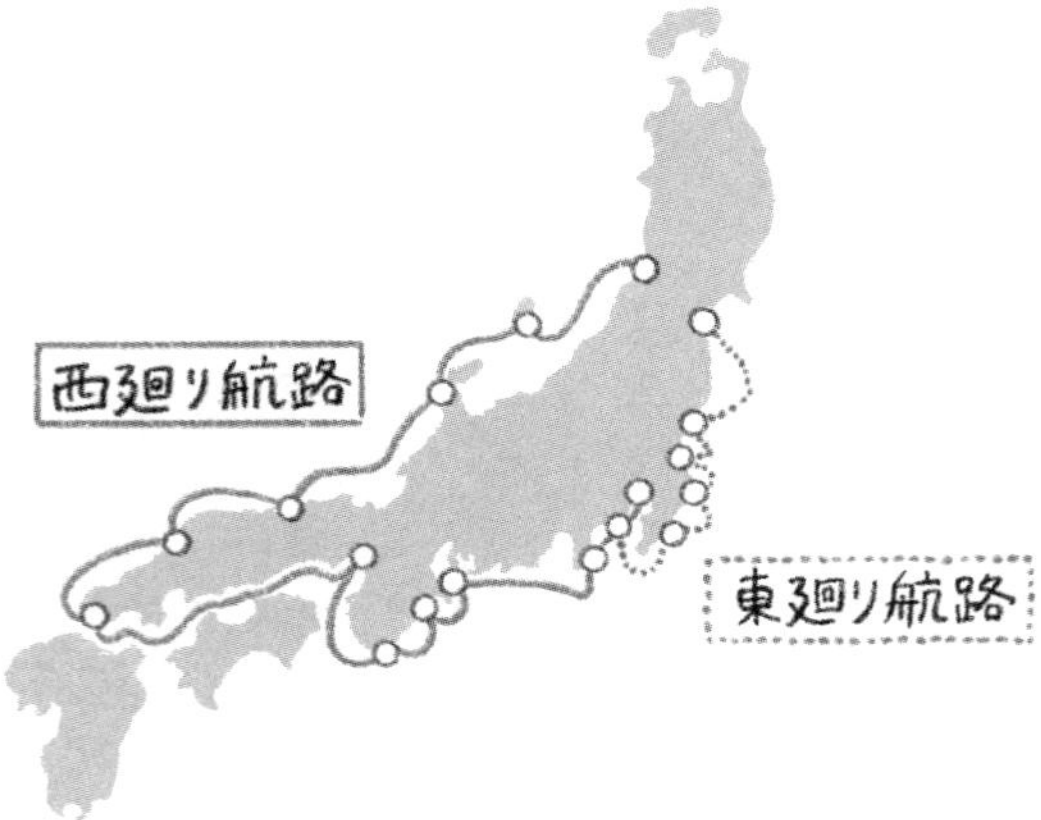

日本の海運の基礎をつくる

東廻り航路と西廻り航路を開拓したことで、物流は大きく改善されました。**農民をはじめ地方への収入を増やし、江戸への食料供給が安定するようになった**のです。

幕府は瑞賢の功績を高く評価し、金３０００両（約３億円）を賜与しました。

儲けのカラクリ 2

ソーシャルビジネス

大坂の洪水を防げ！

――「天下の台所」を生んだ淀川の治水工事

東廻り航路と西廻り航路を開拓したことで、河村瑞賢への幕府の信頼はますます厚くなりました。瑞賢はその後も、越後高田藩からの依頼で、治水工事、新田開発、鉱山開発などを手がけました。

天和３（１６８３）年、幕府は、大坂の治水の抜本策を講じるため、若年寄・稲《いな》葉《ば》正休《まさやす》らを派遣し、一行に瑞賢を随行させ調査に当たらせました。以前から大坂では淀川・大和川で洪水被害が度重なり、周辺の住民からの訴えが数多く寄せられていたからです。調査の結果、治水工事の全権は瑞賢に委任されることになりました。瑞賢66歳の時です。

貞享元（1684）年正月、再び大坂に赴いた瑞賢は、淀川河口にある九条島が水の流れを妨げていると考え、島に新しい川を掘って水が大坂湾へまっすぐに流れ込むように開削工事を行ないました。工事はわずか20日間でやり遂げられ、こうしてできた南北約3km、幅約1kmの新しい河道「新川」は、後に「安治川《あじがわ》」と名付けられました。

この後に瑞賢は4年にわたって、大坂に通い、治水工事の指揮を執りました。さらに最晩年にも再び大坂を訪れ、治水工事を行ないました。

◆新井白石も瑞賢を讃える

正徳の治で知られる新井白石は『畿内治河記《きないちかき》』の中で、大坂での瑞賢の功績を讃えています。

「水害で荒らされてきた田は、今では肥えて作物がよくできる地となった。（中略）川のまわりの人々は声を揃えて喜び合い、工事をほめる声は野に満ちている。（中略）誠に国家の喜びであり、人々の暮らしを永久に支えることになる。昔から今までに、こんなにも大きな功績を立てた人はいるだろうか」

◆「天下の台所」の礎を築く

また治水効果もさることながら、これまで大きく迂回して市内に入ってきていた船は、大坂湾から直接堂島川や土佐堀川に入ることができるようになりました。やがてこれらの川の沿岸には各藩の蔵屋敷が立ち並ぶようになり、米はもとより全国からの特産品が集まるようになりました。大坂は「天下の台所」として飛躍的な発展を遂げることになるのです。

このように瑞賢が行なった事業は、江戸や大坂などの町の礎を築いたといっても過言ではありません。一方で、幕府の重臣たちと強く結びついていたことで、「強欲な政商」という評価も一部ではあります。

しかし財をなした後、高齢になってからも全国各地に自ら足を運んでプロジェクトリーダーを務めていたことは、お金だけが目的ではできないでしょう。

◆河村瑞賢のビジネス嗅覚

『翁草《おきなぐさ》』という書物に、河村瑞賢について以下のようなことが記されています。

「自ら工夫をこらすことによって、他の業者に比べその費用が安いうえに高い業者より出来ばえもよく、なおかつ早くて正確なので、世の中の人たちはこぞって称賛した」

瑞賢には、その商才がわかる様々なエピソードが残されています。その中からいくつかをご紹介しましょう。

①盂蘭盆の野菜で資金を得る

13歳で江戸に出た瑞賢は、車力《しやりき》（運搬夫）として生計を立てていました。しかし7年たっても生活は変わりません。20歳の時、商売の本場大坂に行って一旗揚げようと旅立ちました。ところが東海道の小田原宿で相部屋になった老人に「お前はいい骨相をしている。江戸はこれから発展する。大坂ではなく江戸に戻って商売しろ」とアドバイスを受けます。瑞賢はそれに素直にしたがって江戸に戻ることにしました。

品川まで戻った瑞賢は、海に大量の茄子《なす》や瓜《うり》が漂っているのを目にします。ちょうど盂蘭盆《うらぼん》の飾りが川に流されたものです。その瞬間、あるアイデアが思い浮かびました。

瑞賢はそれらの野菜を回収し、漬物にして作業現場の人夫相手に売ったのです。塩辛い漬物は人夫たちに好評で、この商売は大繁盛しました。元手を稼いだ瑞賢は、人足の取りまとめ役から土木工事の請負業をするようになり、やがて材木商を営むようになったのです。

②芝増上寺の鐘　吊り下げ工事を受注

ある時、徳川家の菩提寺である芝増上寺の「釣鐘」の掛け金が、重さに耐えかねて折れ、鐘は落ちて転がってしまいました。機械がない時代、これだけの重さの鐘を運んで持ち上げるのは大変な作業。普通であれば膨大な人足と数カ月の時間が必要です。業者による入札が行なわれましたが、瑞賢はなんと他の業者の半額以下の金額で落札しました。

他の業者はあんな金額で受注したら大損するだけだと嘲笑しましたが、瑞賢が実施した手法は予想外のものでした。まず近くの米屋から大量の米俵を買い、鐘の近くまで運びます。そして米俵の上に鐘を置いて転がします。そして米俵をひとつずつ高く積み上げていき、その上に鐘を転がしていくという作業を繰り返します。鐘楼の下に来る時にはちょうどいい高さになっていました。そこで初めて鐘を立て、龍頭《りゅうず》の掛け金にひっかけたのです。作業はわずか1日。これには多くの見物人も驚きました。

さらに作業を終えると、米屋に米俵を1割引きで売り戻すと知らせました。すると米屋たちは売った米俵をすべて引き取っていきました。他で売るとまるまる1割得するからです。つまり瑞賢は、米俵の1割の手数料だけで、足場も組まずに1日で作業を終えたのです。

③明暦の大火で誰よりも早く木曽へ

瑞賢40歳。明暦3（1657）年正月、江戸の街の3分の2を焼き尽くし10万人以上の死者を出した明暦の大火が起こります。店にも火の手は迫っていましたが、瑞賢は家財道具を顧みず、なけなしのお金をかき集めてすぐにヒノキの大産地である木曽福島（今の長野県木曽郡）に向かいました。雪に閉ざされた木曽に江戸大火の情報が届き、木材が高騰する前に買えるだけ買うという作戦です。

誰よりも早く木曽に着いた瑞賢は、大地主の子供に「小判3枚に穴をあけて紐で繋いだおもちゃ」を作り与えました。大地主は瑞賢のことを余程の大商人だと思いました。その結果、わずかな手付金でその地の全木材の独占販売権を獲得。遅れてやってきた他の材木商は瑞賢から買うしかなく、巨利を得たのです。

瑞賢は、その資本を元手に大火で焼けた江戸の復興事業に尽力しました。建築ラッシュのために材木の需要は高く、やがて瑞賢は大商人になり、幕府の重臣たちとの関係を深めていくのです。

COLUMN

江戸消滅の危機からの復活
有事のリーダーシップとは？

河村瑞賢を公共事業に引き入れたのは、当時将軍後見役だった保科正之《ほしなまさゆき》です。彼は明暦の大火で焼け野原になった江戸の復興に強力なリーダーシップを発揮します。まさに江戸消滅というべき危機にリーダーがどう立ち向かったかを知ることは、現代においても大いに参考になるでしょう。

保科正之とは誰か

保科正之は慶長16（1611）年、二代将軍秀忠の四男として生まれました。母が大奥に奉公する女中であったため、城外で極秘に出産されます。秀忠の正室・お江《ごう》の方からの追及を避けるために尼僧見性院《けんしょういん》（武田信玄の娘）に預けられ養育されました。のちに信州高遠《たかとお》藩主保科家の養子となり、保科姓を名乗ります。異母兄である三代将軍家光にその能力を見出され、会津松平家初代藩主に。家光の遺言により、四代将軍家綱の後見役（実質的な最高権力者）として幕政に参加しました。

明暦3（1657）年1月18日、のちに振袖火事と呼ばれる「明暦の大火」が発生します。「明暦の大火」の被害は以下のように甚大でした。

・江戸の3分の2が焼失
・当時の人口80万人のうち死者10万人以上
・焼失した大名屋敷500軒　旗本屋敷770軒
・江戸城　天守閣・本丸・二の丸・三の丸焼失（残ったのは西の丸のみ）

まさに壊滅的な被害でした。

保科正之はそんな江戸復興のリーダーとして陣頭指揮にあたりました。

◆保科正之に学ぶ有事のリーダーシップ

①有事のとき、部下はリーダーを見ている

江戸城にも火の手が迫る中、将軍を城外に避難させる案が検討されました。しかし、正之は有事に際してリーダーが逃げては人心に不安を与えると「本丸が焼けたら西の丸へ。西の丸が焼けたら、屋敷の焼け跡に陣屋を建てればよい」として将軍を江戸城にとどまらせます。自らの会津藩邸が燃えているという知らせにも「今はそんな私的なことを顧みる暇はない」と一蹴しました。

②被災者の救済

そして、即座に幕府の備蓄米を放出。江戸の6カ所で、一日1000俵の炊き出しが7日間行なわれ、さらに延長されることになります。家を焼け出された江戸町民に復興の資金援助として、すぐに供出できる埋蔵金の全額16万両（約160億円）を支給することを決定。老中をはじめとする幕僚たちからは「それでは金蔵が

カラになってしまいます」と反対の声があがりました。しかし正之は「幕府の貯蓄はこういう時に使って、町民を救済安堵させるためのもの。いま使わなければ、貯蓄しておく意味などない」と一喝します。

③物価の安定

焼け野原になりモノがない状態では物価が高騰しやすくなります。正之は米価の上限を決め、米の確保にも全力を挙げました。

また、参勤交代で江戸にいる大名を国許に帰し、国許にいた大名には江戸に来なくて良いと通知。これにより江戸の人口を減らすことで、物価の高騰に歯止めをかけようとしました。幕府の権威よりも実利を優先した施策でした。

④災害に強い街づくり

正之は、町民救済に力を尽くす一方、江戸を災害に強い町にするための行動も迅速でした。それまでの城下町は戦国時代の発想で、できるだけ攻め込みにくいように入り組んだ道路をつくるのが一般的でしたが、正之はその常識を覆す以下のような施策を打ち出します。

・主な道路の幅を6間（10・9m）から9間（16・4m）に拡張
・主要な場所に、空き地や広小路を設置
・芝や浅草などの新堀を開削
・神田川の川幅を拡張
・隅田川に初めての橋である両国橋を架設（避難路確保）
・徳川御三家や大名・旗本屋敷・寺社などを移転（市街地拡大）

いずれも、もしもの時に対応しやすい、災害に強い街づくりのためのものでした。

⑤天守閣の再建とりやめ

焼失前の江戸城は、5重5階地下1階の天守閣を誇っていました。江戸城の再建の折、当然天守閣も再建すべしという老中たちの意見に正之は反対します。「城の守りに天守閣は必要ではない。このような時に天守閣を建設するのは庶民の迷惑になる」と言い切ったのです。

結局天守閣は再建されず、その予算は町の復興のために使われました。そして、江戸時代を通じて江戸城の天守閣が再建されることはなかったのです。

豊島屋十右衛門
（としまや・じゅうえもん）

生没年不詳◎代々、豊島屋の店主に受け継がれてきた名跡。初代豊島屋十右衛門は、徳川家康が江戸に領地替えになった後の慶長元（1596）年に神田鎌倉河岸（現在の千代田区内神田）で酒屋兼居酒屋を始めた。その後、様々なアイデアで大繁盛店になり、江戸中期には江戸商人十傑に選ばれるほどの大店になった。

第6章

〝原価販売ビジネス〟で大繁盛！
顧客満足を高めることで江戸商人十傑に

「豊島屋酒店」

豊島屋十右衛門

◆居酒屋のパイオニア「豊島屋」

天正18（1590）年、豊臣秀吉は小田原城を攻め落とし、関東の覇者北条氏を滅ぼしました。秀吉とともに戦った徳川家康は、それまでの領地を召し上げられ、関東移封を命じられました。

家康は領地の中心に江戸を選びました。当時、江戸は大きく海が入り込む湿地帯が大部分の小さな町でした。既に栄えていた小田原や鎌倉でなく江戸を選んだのは、関東平野が広がり水運が便利なことに家康が目をつけたからです。先見の明があったと言えるでしょう。

家康は駿府から江戸に移り、太田《おおた》道灌《どうかん》が築いた江戸城を居城としました。しかしそこは徳川家が移り住むにはあまりにも小さな城であり、大増築工事が行なわれることになりました。

その時、築城用の石材や木材の荷揚場として建造されたのが、神田鎌倉河岸（現在の千代田区内神田二丁目付近）でした。資材のほとんどが鎌倉から運び込まれ、運搬に関わる商人や職人たちも鎌倉出身者が多かったことから「鎌倉河岸」と名付けられたと言われています。資材輸送の拠点ですから、多くの人々が集まる場所でした。

◆「下り物」の酒を安価で販売

慶長元（1596）年、鎌倉河岸に「豊島屋」は開業しました。河岸で働く人々相手に、初代・豊島屋十右衛門が始めた「酒屋兼一杯飲み屋」です。彼は出身地等の詳細はわかっていませんが、屋号の由来は、豊島郡柴崎村（現在の千代田区大手町）の地名によるものと言われています。

当時、酒といえば、伊丹・池田・灘《なだ》などの上方から輸送されてきた「下り物」が一般的です。関東にはよい酒蔵がなく味が落ちるので、そこで製造された酒は「下らない物」と呼ばれ敬遠されていました。しかし「下り物」は輸送費がかかるので、当然価格は高くなります。

豊島屋は上質な「下り酒」を安価で提供することで、商売繁盛しました。

そして、代々引き継がれていった豊島屋にイノベーションが起こったのは、それから100年以上たった元文年間でした。

その仕掛け人の名前も、当主が代々引き継いできた豊島屋十右衛門。初代から数えて何代目かもわかっていません。

ここからは、豊島屋の「儲けのカラクリ」を見ていきましょう。

儲けのカラクリ 1

原価販売戦略

外からは見えない「仕組み」で稼ぐ

――ほぼ原価売りなのに大儲けのカラクリ

八代将軍徳川吉宗が行なった「享保の改革」は、幕府の財政再建が目的でしたが、その結果、厳しい倹約政策と増税により不景気が続きました。

享保から年号が変わった元文年間（1736～）に、当時の豊島屋当主である十右衛門は、飲み屋に革命を起こします。それは、酒を原価で販売するというもの。懐が寂しい庶民にとって、これは大ニュース。豊島屋はたちまち大繁盛店に！

同業者たちは恐れをなすとともに、あんな売値では利益が出ないから続くはずがないとたかをくっていました。しかし、いつまでたっても豊島屋は酒の原価販売を続けます。店はますます繁盛していったのです。

実は、この酒の原価販売にはカラクリがありました。豊島屋は「酒」で儲けているわけではなかったのです。**大量に出る空の酒樽で利益を出していました。**空の酒樽は、酢・醤油・味噌などの樽にもリサイクルできるなど様々な用途で使われることから、仕入れ値の1割程度で売れたといいます。中身の酒を安く売ってお客さんが増えれば増えるほど、空の酒樽も多く出るので儲かるという仕組みです。

また大量に酒を注文するので、仕入れ先に値段を下げるように交渉できました。つまり**他店にとっては原価になる金額でも、豊島屋にとっては利益が出る仕組みを作った**のです。

店頭では、酒を安く売る代わりにツケ払いは断り、現金しか受け付けないようにしました。仕入れ先への支払いは年に2回の節季払いが通例になっていたので、支払いまでの間、現金が手元に残ります。豊島屋はそれを原資に「金貸し業」も行ない、そこからも利益をあげていました。

このように、酒以外で小さな利益を積み重ねる経営努力により、お客さん相手には酒の原価販売をすることが可能だったのです。

儲けのカラクリ 2

名物戦略＋価格戦略

名物のおつまみが大評判
――よりお酒を売るための仕掛け「田楽豆腐」

豊島屋は、特大の豆腐に辛めの赤味噌をたっぷり塗り込んでこんがり焼いた田楽豆腐を酒のおつまみとして提供しました。しかも1本わずか2文（約50円）という破格の値段。その大きさから馬方田楽《うまかたでんがく》と呼ばれ、大評判の名物になりました。それ目当てに来る客で、店はますます繁盛します。

この田楽には、おつまみという役割だけでなく、濃い味で喉を渇かせ、さらに酒が飲みたくなるという役割もありました。このように酒と一緒におつまみを食べる居酒屋の原型は、豊島屋が作ったと言われています。

儲けのカラクリ3

ターゲティング戦略

季節限定商品「白酒」で女性客を取り込む

――堂々とお酒を飲む機会を提供

豊島屋は、3月3日の桃の節句に「白酒」を飲む風習を根付かせたことでも有名です。以下のような伝説が伝わっています。

ある夜、十右衛門の夢の中に紙のお雛様が現れ、白酒の製造の仕方を教えてくれた。教えにしたがって製造してみると、甘くてとてもおいしい白酒ができた。そこで十右衛門はお雛様への御礼に、桃の節句にこれを売り出すことにした。

白酒はたちまち評判になりました。特に女性客に大人気だったといいます。当時、

女性は人前でおおっぴらに飲酒することができなかったのですが、桃の節句の白酒であれば堂々と飲むことができたのです。

　やがて、毎年2月25日に始める白酒の大売り出しは、江戸の風物詩と言われるほどの人が集まるようになりました。**「山なれば富士、白酒なれば豊島屋」**とうたわれるほどの大繁盛です。

　発売当日は「酒醤油相休申候」（他の酒や醤油などの販売は中止）と看板を掲げ、白酒のみを販売。店内に人が殺到しないように、大きな矢来で入口を囲み、その上に組まれた櫓《やぐら》には、警備役の鳶《とび》職とともに医者を待機させました。万が一、行列中に怪我をしたり体調を崩したりする客がいた場合は、鳶職が引き上げ医者が手当てをするためです。この繁盛の様子は、長谷川雪旦《はせがわせったん》の『江戸名所図会《えどめいしょずえ》』「鎌倉町豊島屋酒店白酒を商ふ図」にも描かれています。

夜明け前から行列ができ、昼頃には売り切れました。1400樽（一升瓶で5万6000本）が空となり、売り上げは1日で数千両（数億円）に上ったといわれます。こうして桃の節句に白酒を飲む習慣は、江戸から全国に広がりました。

豊島屋十右衛門は、このような様々な経営革新から幕府勘定方により御用商人に取り立てられました。一杯飲み屋から始まり、江戸時代中期には江戸商人十傑にも列せられるほどの大商人になったのです。

◆現在の豊島屋

豊島屋の流れをくむ「豊島屋本店」は、現在、千代田区神田猿楽町に店を構えています。関東大震災や東京大空襲で被害に遭い、創業の地を離れざるを得なかったのです。また江戸時代は居酒屋が中心で、白酒以外は自社醸造していませんでしたが、明治中期からは自社醸造の酒販売が中心になっています。

中でも清酒「金婚」は全国新酒鑑評会にて何度も金賞を受賞するなど有名です。明治神宮や神田明神にも御神酒として奉納されています。

2020年7月、豊島屋本店は神田錦町の神田スクエア内に酒屋兼立ち飲み居酒屋「豊島屋酒店」を開業しました。関東大震災以来、約100年ぶりの居酒屋で、創業の商いを再興したことになります。「豊島屋酒店」は、「江戸東京モダン」をコンセプトにして、かつて豊島屋で流行したつまみの豆腐田楽を現代に再現する等、江戸時代の居酒屋を現代風アレンジした店になっています。

COLUMN

偶然から日本一の大富豪へ 鴻池新右衛門・善右衛門

豊島屋は「下り酒」を原価で売ることで大繁盛のきっかけを得ました。そんな「下り酒」を江戸に売ることからスタートし、海運業を経て、両替商として日本一の大富豪になったのが鴻池家です。そのきっかけは、ちょっとした偶然でした。

◆使用人の腹いせから「清酒」を発見

鴻池家初代の山中新六（のち鴻池新右衛門《こうのいけしんえもん》）は、元亀元（1570）年生まれ。武士の家系でしたが、様々な職業をへて、摂津国鴻池村（現在の兵庫県伊丹市）で酒造業を営んでいました。ある時、使用人の素行が悪かったので、新六は呼びつけて解雇しました。するとその使用人は腹を立て、夜中に酒樽にかまどの灰を投げ込んだのです。

翌朝、職人が酒樽を見て驚きました。当時の酒は、いわゆる「にごり酒」だったのですが、そのにごりが澄み切って透明になっていたからです。飲んでみると、なんともいえない香味が生まれていました。調べてみると、その投げ込まれた灰のおかげで発酵を抑えることができ、偶然にも美しく透明な酒が誕生していたのです。

それを知った新六は、「これは天が与えてくださったものだ。絶対に口外するな」と言い、そのメカニズムを研究。やがて美味しく澄んだ酒をいつでも作れるようになりました。この「清く澄みわたる上等な酒」は、鴻池の「諸白《もろはく》」と呼ばれ、新六は「相生《あいおい》」の銘柄で売り出します。のちに「清酒」と呼ばれるお酒です。するとたちまち評判になり、売れに売れました。

江戸の市場に「下り酒」をひたすら運ぶ

それだけで満足する新六ではありません。この酒を上方だけでなく江戸で売ろうと考えます。当時、江戸幕府が開かれたばかりの頃で、江戸の人口は爆発的に増えていました。特に「下り物」の酒は重宝され、武士階級に高く売れました。「諸白」であれば、なおさらでしょう。

当初は馬の左右に2斗入り樽をのせ、新六自ら東海道を運びました。流通経費はかかりますが、江戸だときっと高く売れると踏んだのです。狙いはズバリ当たりました。「諸白」は江戸で大評判を呼び、通常よりかなりの高値でも飛ぶように売れたのです。

やがて樽の大きさを倍にして、馬を数十頭引き連れて運ぶようになりました。それでも江戸での需要に比べるとまだまだ足りません。そこで、新六は船で運ぶことを考えます。しかし当時はまだ、大坂と江戸の間で大量輸送するルートが確立されておらず、時間もかかったのです。

◆海運業から両替商になり日本一の大富豪に

元和5(1619)年、新六は大坂内久宝寺町《うちきゅうほうじまち》(現在の大阪市中央区内久宝寺町)に店を開きます。さらに寛永2(1625)年、新六が56歳の時、自ら廻船問屋を起こし海運業を創業することにしました。それまでは廻船問屋に頼んで輸送していたのですが、不便でなかなか思うようになりません。それならば自分が創業したら、自前の商品だけでなく、他店からの需要もあるに違いないと考えたのです。その狙いは見事当たりました。

「諸白」は「清酒」と呼ばれるようになり、船便で江戸に大量輸送されるようになりました。さらに様々な荷物を運ぶようになり、海運業は大繁盛。こうして新六は鴻池新右衛門として、一代で豪商の仲間入りを果たします。

その後、鴻池新右衛門の八男である初代・鴻池善右衛門《こうのいけぜんえもん》は、海運業を発展させます。その縁で大名屋敷に出入りするようになり、各種の雑用をこなすようになります。そこから両替商の将来性に気づき、やがて酒造業や海運業を廃業し、両替商に専念するようになりました。

さらにその息子である二代・鴻池善右衛門の頃には、数多くの大名にお金を貸すほどの両替商になります。その後、鴻池家は長者番付の最高位とされ、大坂だけでなく日本一の大富豪と呼ばれるほどになったのです。

二代目西川甚五郎

（にしかわ・じんごろう）

1582 ～ 1675 年◎西川甚五郎家山形屋二代目。近江国蒲生郡南津田村（現在の滋賀県東近江市）で、山形屋初代西川仁右衛門の四男として生まれる。父・仁右衛門は、能登国（現在の石川県）で蚊帳の行商をして、現地で海産物を仕入れ八幡山下町（現在の滋賀県近江八幡市）で卸売りを行なうという典型的な近江商人であった。４人の息子をひとりずつ順番に連れていき、その中で一番商才があった甚五郎に家督を譲ったという。甚五郎は萌黄《もえぎ》色に紅布の縁がついた近江蚊帳のデザインを考案。緑と赤のコントラストが町民たちにウケて人気商品になり、山形屋を大きく発展させた。

第7章

機能だけでなく〝デザイン〟を重視して
空前のヒット商品を創出！

「西川家山形屋」
二代目
西川甚五郎

「近江商人」だった初代

山形屋西川家は、近江商人の初代西川仁右衛門によって創業されました。近江商人とは、近江国（現在の滋賀県）出身で、そこにとどまらず全国に売り歩く商人のことをいいます。仁右衛門は永禄9（1566）年から商いを始めたと伝わっています。

近江と能登（現在の石川県）を往復する行商です。近江の特産品の蚊帳や畳表などを能登で売り、そのお金で塩鯖などの海産物を仕入れて近江で売りさばきます。いわゆる近江商人特有の「のこぎり商《あきな》い」と呼ばれるものでした。のこぎりが「押す」と「引く」の両方で切ることから名づけられたものです。

仁右衛門は、創業20年以上たった天正15（1587）年、近江八幡に「山形屋」という屋号で店舗を構えました。豊臣秀次（秀吉の甥）が八幡山城を築城し、城下には楽市令が出され、誰もが自由に商売ができるようになったからです。当時、近江八幡は畳表の生産が盛んでした。やがて山形屋は多数の売り子を雇い、東海道方面に畳表を販売するようになります。それでも仁右衛門は、4人の息子たちを一人ひとり交互に連れて、能登への行商は欠かさなかったといいます。

◆商才のあった四男に家督を譲る

大坂の陣で豊臣家が滅び、徳川の世が確立した元和元（1615）年には、江戸日本橋通一丁目（現在の中央区日本橋一丁目）に進出し店を構えました（屋号「つまみだな」）。当時、江戸の町は大名や旗本などが次々に屋敷を建てる建設ラッシュでした。良質な近江産の畳表は飛ぶように売れていきました。

寛永5（1628）年、隠居した仁右衛門は、家督を四男の甚五郎に譲り、兄弟には分店・分家を持たせます。長男ではなく四男に継がせたのは、行商を通じて一番商才があると見抜いたからでしょう。実際、二代目西川甚五郎は、店を大繁盛させ、今に続く「ふとんの西川」の礎を築いたのです。

儲けのカラクリ 1

市場調査＋ターゲティング戦略

顧客を武士から町人に変更

――銭湯や長屋で市場調査

甚五郎が家督を継ぐ前から、大名や旗本相手に畳表を売るという商売は、限界を迎えつつありました。あれだけ売れていた畳表も、江戸の建設ラッシュが落ち着いたことで徐々に売れなくなります。品質のいい近江産の畳表はなかなかくたびれないので、張り替えの需要もあまりありません。

また、幕府による御家取りつぶしなどが多かったことも、武家相手の商売が不安定な大きな要因でした。江戸時代は、盆暮れの掛け払いが一般的だったので、代金未収になることも多々あったからです。

◆市場調査でターゲットを変更

そこで甚五郎は、顧客を武家から町人中心にシフトしようと考えました。江戸の人口はどんどん増えていましたが、その中心は町人だったからです。

ところが、店の幹部たちにその考えを話しても、みんな大反対。町人にそんなお金があるわけがない、それより今まで続けてきた武家相手に畳表を売って堅実に商売しましょうというのです。

しかし、甚五郎には「このままでは将来がない」という危機感が強くありました。以前から町人が集まる場所に積極的に出かけ、どのような需要があるかを調査していたのです。今でいう市場調査であり、マーケティングです。その場所は銭湯であり、長屋でした。

その結果、江戸の町人たちの一番の悩みは、夏の暑さと蚊の多さだということがわかりました。江戸の下町は埋め立て地が多く、堀なども多いことから蚊が大量に発生していたのです。

そこで甚五郎は、当時の主力商品である畳表だけでなく、もともと行商で扱っていた蚊帳を積極的に売ることを決意したのです。これは**ターゲットを武家相手から町人相手に変えること**でもありました。

儲けのカラクリ2

デザイン経営

「近江蚊帳」のデザインチェンジ
――斬新なカラーで顧客インサイトをつかむ

しかしながら、売れると見込んだ蚊帳は、思ったよりも売れませんでした。甚五郎は「需要はあるはずなのになぜだろう」と悩みます。

寛永3（1626）年の夏、甚五郎が蚊帳の荷を背負って近江から江戸に下る箱根越えにかかった時のことです。あまりの暑さと疲れに大樹の蔭で横になっているうちにうたた寝をしました。夢の中で、甚五郎は萌黄色《もえぎ》（若草の緑）のツタカズラが一面に広がる野原にいました。若葉の色が目に映えてそれは涼やかな気持ちで仙境にいるようだったといいます。

夢から覚めた甚五郎は「これだ！」と思いました。蚊帳を萌黄色に染めるというアイデアを思い付いた瞬間でした。それまでの蚊帳の色は原料そのままの茶色でした。「寝る時も、目覚めた時も涼しさを感じる新緑の中にいると思えば、蚊帳を使う人の気持ちを和ませ、爽快な気持ちにさせることができる」と考えたのです。

こうして、**蚊帳は萌黄色に染められ、紅色の縁取りがされて売り出されました。すると、爆発的にヒットし、「近江蚊帳」と呼ばれるようになりました。**この近江蚊帳誕生のエピソードは、近江商人を語るいくつもの歴史書や物語によって紹介され、今も語り継がれています。

寛永5（1628）年の夏、47歳で家督を継いだ甚五郎は、近江蚊帳のヒットによって、家業を大発展させました。機能などのスペックではなく、デザインを変えたことによって大ヒット商品を生み出したのは、「デザイン経営」の先駆けと言えるかもしれません。

儲けのカラクリ 3

PR戦略

ヒットの秘訣は「イケメンボイス」

――街頭販売のイメージ戦略

甚五郎は蚊帳の売り方にも工夫を施しました。毎年、初夏の頃になると「蚊帳売り」の街頭販売を実施しました。その時、手代（店員）と一緒に、蚊帳を運びながら呼びかけるアルバイト運搬員を募集しました。

アルバイト採用の基準になったのは「声」でした。美声の持ち主だけを選び、さらに数日間「売り言葉」を徹底的に特訓してから、町に出動させました。そして以下のような呼びかけを高い声で長々と唱えさせました。

「かや～萌黄のかや～」

江戸時代の書物（『守貞謾稿《もりさだまんこう》』）には、この蚊帳売りの様子を「わずかの短語を一唱するの間に大略半町を緩歩す」（この呼び声を1回唱えるのにゆっくり歩いて55メートルくらい歩く）と書かれています。さらに彼らには、新品の菅笠や半纏を着用させるなど、清潔感を大切にしました。

このように甚五郎は、大胆な色彩を使った涼しげなデザインとともに、販売においてもイメージを重視したことで、近江蚊帳を大ヒット商品にして、西川家繁栄の礎を築いたのです。

COLUMN

常識を覆すデザインで大ヒット 西川株式会社

現在の西川

初代西川仁右衛門の創業から450年以上、その流れを汲む西川株式会社（2019年「西川産業」「西川リビング」「京都西川」が経営統合で誕生）もまた、デザイン経営で、寝具の世界でイノベーションを起こしています。

2006年、十四代目西川仁右衛門からの指名で38歳の若さで西川産業の社長に就任した西川八一行《やすゆき》は、何としても自社ブランド商品を開発しようと考えました。

そのためには、今までの布団の購買層とはまったく違う顧客を創造しなければと考えました。

そこで開発に着手したのが、それまでも好評を得ていた「整圧敷きふとん」をさらに進化させ、睡眠にこだわる人たちに向けて作る高機能のマットレスです。

まずはアスリートに訴求しようとしました。彼らにとって、睡眠中に身体の疲れを取ることは非常に重要だと考えたのです。

そんなある日、自らも趣味がジョギングの八一行は、前を走るランナーのジョギングシューズのカラフルな靴底に目を留めました。

「寝具にこのようなカラフルな色をつけたら、アスリートに支持されるのではないか？」と考えたのです。

しかし社内で提案すると、反対の嵐に遭いました。「寝具をカラフルにするなんて常識的にあり得ない」「色を変えると余計なお金がかかる」「自社製品と競合してしまう」などです。

その時、八一行は二代目甚五郎のエピソードを語って社内を説得しました。二代目は、それまで常識だと思われていたくすんだ色の蚊帳を鮮やかな萌黄色で染め、紅色の縁取りという大胆なデザインを施した。当時も既に高い技術は持っていた。そこに斬新なデザインという付加価値をつけるというイノベーションによって大ヒット商品になった。その手法を現在に蘇らせよう、と。

◆「A・i・R」が大ヒット

こうして1年をかけ社員を説得し、2009年、新商品は「A・i・R（エアー）」という名前で発売されました。機能はもちろん、コントラストの強い鮮やかな赤と黒というデザインが寝具としては斬新でした。

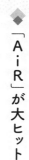

また販売についても、二代目がイケメンボイスで蚊帳売りをしたように、今までにない手法を考えました。

「A・i・R」の知名度を広めるために目をつけたのがアスリートでした。質のいい練習をするためには、質のいい睡眠が不可欠だからです。まず女子レスリングチームと契約し、個人個人に合わせた枕やマットレスを制作、その眠りをサポートするようにしました。

その噂を聞きつけて、サッカー界のレジェンド三浦知良がやってきてすぐに契約に至りました。また、そこからの口コミでサッカーブラジル代表のネイマールも使用してくれることになりました。

その後、メジャーリーガーの大谷翔平、プロゴルファーの松山英樹など、数多くのアスリートの愛用者が生まれたのです。

「高性能の商品」「斬新なデザイン」に加え、「アスリートの眠りをサポートすることで信頼を勝ち取る」という斬新なマーケティング手法により、これまであまり寝具に興味のなかった若年層や男性の心をつかむことに成功しました。

こうして、「A-i-R」は西川を代表する大ヒット商品になりました。また、2011年のグッドデザイン賞を皮切りに、アメリカやドイツなどでも数々のデザイン賞を受賞します。400年近くの時を経て、西川は再びデザインの力によって蘇ったのです。

五代目山本嘉兵衛

（やまもと・かへえ）

1778～1819年◎元禄3（1690）年創業の山本山（鍵屋）五代目当主。永谷宗円《ながたにそうえん》が発明した煎茶を広めて大ヒット商品にした四代目に続いて、さらに家業を発展させる。中でもそれまであまり知られていなかった「狭山茶」を世に知らしめた功績は大きい。「古今稀《まれ》な知恵の持ち主」と言われ、茶問屋の組合で要職を務めた。また文化13（1816）年頃、山本家の家訓にあたる「山本家定目」を制定し、商売の考え方を語ったことでも知られる。

第8章

〃産地〃と結びついたブランド商品を開発して大人気店に！

「山本山」五代目山本嘉兵衛

◆初代嘉兵衛、日本橋に「鍵屋」を創業

元禄3（1690）年、山城国宇治山本村（現京都府宇治市）から江戸に出てきた初代山本嘉兵衛は、日本橋二丁目（現日本橋髙島屋三井ビルディング付近）でお茶・茶道具・和紙等を商う「鍵屋」を開業しました。この年が「上から読んでも山本山。下から読んでも山本山」というCMで知られる「山本山」の創業年となっています。現在は海苔のイメージも強いのですが、本来はお茶の専門店です。

地道に商売を続けていた「鍵屋」の繁盛が決定的になったのは元文3（1738）年のこと。当主四代目嘉兵衛のもとに、永谷宗円がお茶を売り込みに来たことがきっかけでした。そのお茶はこれまでとはまったく違う緑色をしていました。

◆永谷宗円、58歳で「緑茶」を発明

煎茶の祖と呼ばれる宗円は、山城国宇治田原郷湯屋谷《ゆやだに》（現在の京都府宇治田原町）でお茶の製造・振興に関わっていた人物です。宇治は、日本一の茶どころでし

たが、茶の湯で使われる抹茶の原料になる高級茶の栽培方法は、特定の御茶師にしか許されていませんでした。

宗円は法に触れずに露天栽培でも優れたお茶を製造できないかと、15年間試行錯誤を繰り返しました。当時、庶民が飲んでいたお茶は、簡単な製法で加工した茶葉を煎じたもので、文字通り茶色い液体でした。宗円は、新芽の茶葉を蒸した後、手揉みしながら乾燥させる工程を取り入れる「青製煎茶製法（宇治製法）」により、鮮やかな緑色のお茶を製造することに成功しました。色・香・味ともに優れた日本固有の「煎茶」が登場した瞬間で、現在の日本緑茶のもとになる製法です。完成した時、宗円は58歳になっていました。

宗円はこの新しい「青製煎茶」を江戸の茶商に売り込みに行こうと考えます。なぜなら、保守的な京では絶対に受け入れられないと考えたからです。江戸へ向かう途中で富士山に登り、山頂の浅間神社にそのお茶を奉納し「この茶を天下に広めさせたまえ」と祈ったといいます。

◆四代目嘉兵衛、買い取りを即決

江戸に到着した宗円は、いろいろな茶商を訪ね「青製煎茶」を売り込みました。しかし、望む結果は得られませんでした。今までの茶色の煎じ茶とはあまりに違う商品だったので、どこの茶商も買い入れようとはしなかったのです。

落胆した宗円が最後に訪れたのが、日本橋にあった「鍵屋」でした。当主四代目山本嘉兵衛は、「青製煎茶」を飲むと、その色と品質のよさ、味の豊かさに感服し、すぐに小判3両（約30万円）で買い取ることを決めました。さらに翌年以降の購入も約束したといいます。

そしてこの**「青製煎茶」を「天下一」と名付けて販売すると、江戸町民の間で評判を呼び爆発的なヒット商品になりました。**「鍵屋」の店名も江戸中に知られるようになったのです。

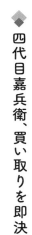

◆古今稀な知恵の持ち主・五代目山本嘉兵衛

こうして四代目で大きく飛躍を遂げた「鍵屋」は、続く五代目六代目でも日本茶の歴史にイノベーションを起こします。

五代目山本嘉兵衛は、宇治の茶産地仲間を代表する湯屋谷の山徳組から「山本の主人は古今稀な知恵の持ち主」と絶賛されるほどの人物でした。

お茶にかける情熱と強い使命感を持ち、家業を繁盛させるだけでなく、茶業全般の振興にも力を尽くし、江州《ごうしゅう》城州《じょうしゅう》茶問屋筆頭格などの組合の要職を務めました。宇治をはじめ、全国の産地に自社茶園を購入し、後述するように、埋もれていた「狭山茶」にスポットを当て、ブランド化に力を尽くしました。

文化13（1816）年頃、五代目嘉兵衛は山本家の家訓にあたる「山本家定目《じょうもく》」を制定します。商売の考え方を34項目に分けて語ったものです。その中には、以下のような内容のことが記されています。

「昔から、お茶や茶道具の商いをしてきたが、日増しに繁盛することができた。これはみなお客様のお蔭であり、ありがたいことだ。品物をよく吟味し、値段なども間違いのないよう差し上げ、お客様が来店されたら、たとえどなた様の用事をしていても、すぐにご挨拶するように。もし、どうしても手が離せない時には、他の人に伝えて、**間違ってもお客様に失礼のないように**」

このような心構えで商売に勤しんだ五代目嘉兵衛は、幕府の御用商人にもなり、ますます信用と名声を得るようになったのです。

◆六代目嘉兵衛、高級ブランド茶「玉露」を発明

四代五代と新しい商品を大ヒットさせた鍵屋は、六代目でも**日本茶史上に残る新商品を開発しました。高級ブランド茶の代名詞「玉露」です。**

天保6（1835）年、当時18歳だった六代目嘉兵衛は、宇治小倉郷の木下吉佐衛門宅を訪ね、茶の製造場を視察しました。茶の湯の抹茶に使われる碾茶《てんちゃ》を使って

新しい高級茶を生み出せないかと考えたのです。碾茶は摘み取り前の2～3週間、日光を遮断することで旨み・甘み成分が増加するのが特徴です。

六代目が自分で蒸した碾茶をかき混ぜてみたところ、乾燥するにつれ葉が手につき、小さな団子形のお茶が偶然できあがりました。これを試しに飲んでみると、驚くほど品のある風味と鮮やかな色合いの絶品のお茶ができあがりました。

六代目嘉兵衛は、職人たちとこのお茶を再現して製造しました。これが今もその名前が伝わる高級ブランド茶「玉露」です。

また、自家茶園で栽培した煎茶「山本

山」も大人気で、その繁盛ぶりは天保7（1836）年に発行された『江戸名物狂詩選』という本に、以下のように書かれています。

「お客さんが立ち並びまるで何かの市のよう、番頭手代などの店員は少しの暇もないくらい忙しい。一時《いつとき》（約2時間）に三千斤（約1800キログラム）のお茶を売り出し、そのほとんどが自家茶園製の山本山である」

このように、**「山本山」は本来は商品名でしたが、あまりの人気ぶりにそれが店名になり、現在の社名になっています。**歴代の当主に恵まれた山本山は、江戸時代を通じて大きく発展したのです。

儲けのカラクリ 1

ネーミング戦略

「天下一」という名前で大ヒット商品に

――「煎茶」はこうして世に広まった

山本山、最初のイノベーションポイントは、永谷宗円が売り込みに来た「青製煎茶」の価値を四代目嘉兵衛が見抜いて購入を即断し、それを「天下一」の名前で売り出したことです。

多くの茶商がその斬新さゆえに理解できなかった商品の価値を即座に見抜き、来年度の買い取りまで約束したのですから、相当に自信があったのでしょう。

実際、初めて「青製煎茶」を飲んだ江戸町民たちは、これまでにない豊かな味わいと鮮やかな緑の色に驚嘆したといいます。「天下一」は大ヒット商品になり、「鍵屋」の名前は江戸中に知れ渡るようになりました。「宇治茶」のブランド価値はぐっと上がったのです。

山本家は永谷家にお礼として毎年小判25両（約250万円）を明治8（1875）年まで贈り続けたといいます。それほど大きな価値を生み出した商品だったということでしょう。

ちなみに、永谷宗円は、お茶漬け海苔などで知られる「永谷園」（1953年創業）の創業者・永谷嘉男《よしお》の祖先にあたります。

儲けのカラクリ 2

産地ブランディング

狭山茶のブランド化

――マイナーだった産地のお茶をヒット商品に

五代目嘉兵衛は、狭山茶をブランド化したことでも知られています。現在の埼玉県西部（入間市、所沢市、狭山市）の名産品である狭山茶は、古くから栽培されていましたが、戦国時代以降は衰退していました。そんな中、地元の茶農家の支援をしていた村野《むらの》盛政《もりまさ》は、永谷宗円の製法を参考に作った煎茶を、五代目嘉兵衛に贈りました。すると以下のような返事が来たといいます。

「こんなにおいしいお茶が狭山で採れるとは思わなかった。みんな励んでこれを作りなさい。宇治のお茶に劣るものではない。私もこの狭山茶を広く多くの人に紹介しょう」

実際に、**五代目嘉兵衛は狭山から取り寄せたお茶を「霜の花」「雪の梅」と名づけ販売しました。**すると商品は大ヒット。「狭山茶」としてブランド化することに成功しました。それまでマイナーだった「狭山茶」は、やがて「宇治茶」「静岡茶」と並んで「日本三大茶」と称される存在になります。

儲けのカラクリ 3

ネーミング戦略+お墨付き戦略

高級ブランド茶「玉露」の誕生

――有名人に献上しお墨付きを得る

六代目嘉兵衛は、宇治小倉郷で偶然に「玉露」の製法を発見しました。発見したことはもちろん、**栽培に手間のかかる「玉露」をきちんと最上級のお茶としてブランド化した手腕も素晴らしいと言えます。**

ブランド化に成功したのは、主に以下の2つの要素があったからです。

①ネーミング

「玉露」というネーミングの由来には諸説あります。六代目嘉兵衛が製茶中に偶然手についたお茶が小さな団子形（玉）だったから。碾茶の新芽から甘露の味がすると評されたから。玉露独特の旨みが玉の露のようだったから等。

おそらく、六代目嘉兵衛は、すべての要素を合わせてネーミングしたのではないかと思われます。このお茶の味の特徴を非常によく表現した名前になっているからです。それから190年近くたった現在でも、玉露が高級茶のブランドであり続けているのは、このネーミングの効果が大きいと言えるでしょう。

②お墨付き効果

六代目嘉兵衛は江戸に玉露を持ち帰ると、まず影響力のある大名や有名な茶人などに献上しました。その味は大絶賛を受けます。このような有名人のお墨付き効果も玉露のブランド化に大きな役割を果たしました。

ちなみに現在の玉露は、玉の形ではなく棒状になっています。これは明治初期に製茶業者の辻利右衛門（辻利）によって完成されたものです。

現在の山本山

江戸時代に数々のイノベーションを起こした山本山は、現在も家業を発展させています。昭和22（1947）年からは海苔の販売も始めました。九代目が、料亭で有明海産の高級海苔を食べて感動したことがきっかけです。お茶と海苔の旬が違うことも後押しになりました。

昭和38（1963）年頃からテレビCMで流れるようになった「上から読んでも山本山。下から読んでも山本山」の名コピーも九代目が考案しました。

1970年代にはブラジル・サンパウロ、アメリカ・ロサンゼルスに現地法人を設立し、現地での日本茶の普及に努めました。現在は全売上の6割が海外だといいます。

2008年から代表取締役社長を勤めているのが十代目にあたる山本嘉一郎氏です。2017年から商品のリブランディングに着手し、ロゴや全商品のパッケージのデザインを刷新しました。2018年には、創業の地に建った日本橋高島屋三井ビルディング内に本社を置き、1階にお茶本来の豊かな味わいを五感で感じることができる「ふじヱ茶房」をオープンさせました。

嘉一郎氏は2023年に山本嘉兵衛を襲名。伝統だけに固執せず常に革新を追い求める姿は代々の山本嘉兵衛と重なります。

COLUMN

山本海苔店 二代目山本德治郎「味附海苔」を発明

東京には、海苔御三家と呼ばれている会社があります。この章で紹介した「山本山」の他に、「山本海苔店」と「山形屋海苔店」がそうです。いずれも創業が江戸時代で日本橋発祥の老舗であり、頭に漢字の「山」がつくことでも共通しています。特に「山本山」と「山本海苔店」は同じ「山本」なので混同されがちですが、暖簾分け等の関係はなく、まったく違う店です（「山本山」は前述したようにもともとお茶の専門店で、海苔を売り出したのは第二次世界大戦後です）。「山本海苔店」の二代目山本德治郎は、海苔の世界で大きなイノベーションを起こしました。それが「味附海苔」の発明です。

◆顧客ニーズに合わせて海苔を販売

嘉永2（1849）年、創業者初代山本徳治郎が、日本橋室町一丁目（現在も山本海苔店の本店がある場所）に「山本海苔店」を開業します。

安政5（1858）年、二代目山本徳治郎を襲名。顧客ニーズに応じ海苔を以下の8種類に分類して販売します。

①食（自家用）　②棚（進物用）
③焼（焼海苔の原料用）　④味（味附海苔の原料用）
⑤寿司（寿司屋の業務用）　⑥蕎麦（蕎麦屋の業務用）
⑦裏（卸用）　⑧大和（佃煮用）

ターゲットごとに商品を分類するというマーケティング手法は、当時としては画期的でした。顧客の支持を得て「海苔は山本」と言われるようになります。

◆「味附海苔」はこうして生まれた

明治2（1869）年、二代目徳治郎は「味附海苔」を考案します。きっかけは、剣術を習っていた二代目が、北辰一刀流・千葉周作《ちばしゅうさく》の道場「玄武館」に通っていたとき、同門だった山岡鉄舟《やまおかてっしゅう》（幕臣でのちに明治天皇の教育係）から、明治天皇が京都に還幸する際に皇太后にお持ちするための東京土産を相談されたこと。

単なる焼き海苔でなく、工夫を凝らしたものを献納したいと試行錯誤。その結果、醤油やみりんで味を付けた「味附海苔」を考案することになります。

これが好評だったため、山本海苔店は昭和29（1954）年まで続く宮内庁御用達となりました。後に一般に向けて「味附海苔」を販売すると大人気となり、全国に広がったのです。

六代目高津伊兵衛
（たかつ・いへえ）

1783～1837年◎本名佐兵衛。元禄12（1699）年創業のにんべん（伊勢屋伊兵衛）の六代目当主。もともと店の奉公人で、その働きぶりから伊勢高津家の娘婿になっていた。文化11（1814）年、五代目高津伊兵衛が36歳の若さで他界。その息子がまだ幼かったため、高津家と番頭たちが相談し、佐兵衛に六代目を継がせることになり江戸に呼び戻された。天保年間に「イの切手」と呼ばれる商品券を開発。書画コレクターとしても知られた。

第9章

これぞ〝前払いビジネス〟の先駆け！
独創的なアイデアで経営を安定させる

「にんべん」六代目 髙津伊兵衛

◆露店から鰹節問屋を開業

延宝7（1679）年、「にんべん」の創業者初代髙津伊兵衛（幼名伊之助）は、伊勢国四日市（現在の三重県四日市市）に生まれました。父親の髙津与次兵衛は雑穀・油・干鰯《ほしか》などを製造販売する店を営んでいました。次男だった伊兵衛は、元禄4（1691）年に13歳で江戸に出て、日本橋小舟町にあった雑穀商「油屋太郎吉」で年季奉公を開始します。

その店で商売の基本を教えられた伊兵衛は、めきめきと商才を発揮するようになりました。18歳になる頃には店主に認められ、名代として京・大坂など上方に出張するまでになります。しかし、若くして出世したことで、同僚からの激しい嫌がらせを受けるようになりました。また主人に対して贅沢ぶりを諌《いさ》めたことから疎まれるようになり、結局20歳の時、店を辞めることになってしまったのです。

貯金がなかった伊兵衛は、元禄12（1699）年、日本橋四日市の土手蔵（現在の日本橋一丁目野村證券本社付近）に戸板を並べただけの露店を出しました。扱う品は鰹節や干魚など。にんべんは、この年を創業年としています。当時、日本橋四日市は魚河岸に近く、今で言う場外市場のような場所でした。露店から商売を始めた伊兵衛でしたが、食費を切り詰めて朝から夜まで商売に励み、5年で200両（約2000万円）の大金を貯めました。

宝永元（1704）年、伊兵衛はその資金で、大店の問屋が並ぶ日本橋小舟町に鰹節問屋を開業します。翌宝永2（1705）年には、店の屋号を「伊勢屋伊兵衛」としました。「伊勢屋」「伊兵衛」のどちらにも人偏の「伊」がつくことから、現在にも続く「カネにんべん」の商標が作られました。

人偏の「イ」に曲尺《かねじやく》を表す記号を加え、「商売を堅実にはかる」といった意味を込めたものと言われています。本来の屋号は「伊勢屋」でしたが、この商標もあって、いつしか「にんべん」と呼ばれるようになったといいます。

「カネにんべん」のロゴ

◆質のいい鰹節で信用を勝ちとる

この頃、江戸ではちょうど鰹節がダシを引くための調味料として普及し始めていました。粗悪品を売る店が多かった中、質のいい鰹節を売る伊勢屋は徐々に信用を得ていきます。

そこで伊兵衛は、大胆な決断をします。「現金掛け値なし」を導入することにしたのです。第2章で紹介した三井越後屋が呉服で生み出した商法です。そこから30年以上たっていましたが、この頃、他業種ではまだまだ一般的にはなっていなかったのです。

実際に、「現金掛け値なし」を店頭に掲げると、町人たちに圧倒的な支持を受け、店は大繁盛するようになりました。しかしその結果、にんべんは同業者である問屋や仲買人から嫌がらせを受けるようになります。「現金商売」をやめない限り、商品を供給しないというのです。

伊兵衛は、事前にこのような動きを察知して、先手を打っていました。享保元

（1716）年に、故郷の伊勢を経て大坂へ上り、上方から上等な「下り物の鰹節」の仕入れルートを確立していたのです。これにより、同業者からの脅しに屈することはなくなりました。奉公人時代の出張の経験が役に立ったのです。

享保5（1720）年、にんべんは瀬戸物町（現在の商業施設「コレド室町2」がある場所）に店を移転。この店はわずか1年で火事に遭い焼失しますが、翌年には同じ場所に土蔵造りの頑丈な店を再建します。

◆一代でにんべんを大店にした初代伊兵衛

新店舗は、以後、大正時代の関東大震災で焼失するまでの約200年間、度重なる周囲の火事にも類焼を免れました。それによって「にんべんの門松は火災除けになる」という俗信が生まれたほどです（そのため毎年、正月を迎える前に松の葉をむしり取られることも多かったとか）。

伊兵衛は、加賀藩をはじめとする江戸大名屋敷にも御用商人として出入りするようになりました。享保7（1722）年には、松平筑前守（福岡藩黒田家）の嫡男や息女の婚儀に際し、鰹節のほかに青果物、菓子類、乾物類まで一括納入の大役を仰せつかったという記録が残っています。

無一文からスタートした初代伊兵衛は、一代でにんべんを大店へと成長させ、享保14（1729）年に51歳で他界しました。

徹底した倹約で窮地を乗り切る三代目髙津伊兵衛

享保9（1724）年、初代伊兵衛が病床に伏せったことで、長男の二代目高津伊兵衛は13歳で家督を継ぎました。二代目が18歳の時、初代が亡くなりますが、初代が指名した後見人に裏切られるなどして、大口取引先を失っていきます。また享保の改革により、武家も町人も倹約に努めたことから景気が低迷し、にんべんの商売も傾いていきます。

二代目伊兵衛は体調を崩しがちになり、寛延2（1749）年、38歳の若さで亡くなります。跡を継いだのは二代目の弟（初代の次男）である三代目高津伊兵衛です。二代目が継いだ時、8000両（約8億円）あったにんべんの資産は、三代目が継いだ時には1600両（約1・6億円）にまで目減りしていました。

そこで三代目が襲名前から手をつけていたのは、徹底的な倹約でした。経費を27項目に分け、商売はもちろん自分たちの生活全般にわたって細かく出費を切り詰め倹約しました。また初代伊兵衛を見習い、早朝から夜遅くまで休む間もなく働き、「現金掛け値なし」の商法も徹底しました。

仕入れの改善にも着手し、「本座節」と呼ばれる立派な本節だけでなく、「小箱節」と呼ばれる廉価な鰹節も仕入れるようになります。大名や贈答用は「本座節」、町民用は「小箱節」と用途を明確に分けて仕入れを行うようにした結果、良質な「小箱節」を安く販売できるようになり、売り上げが回復していきました。

三代目を襲名する頃には、評価は上向きはじめます。その後、将軍家や多くの大名の江戸屋敷の御用も受けるようになり、にんべんは三代目の手腕により見事復活、初代の頃よりも大店になったのです。

三代目は初代以来の事業歴を記した『追遠訓』を執筆し、子孫への戒めを綴った『遺嘱』を残すなど、安永8（1779）年に66歳で亡くなるまで、にんべんの発展に大きな役割を果たしました。

◆イノベーションを起こした六代目

その後、四代目は三代目の長女の婿が、さらに四代目の次男が五代目を受け継ぎました。しかし五代目は、襲名からわずか4カ月後に9歳の長男を残して他界。そこで、高津家と店の番頭たちが相談し、六代目を創業以来初めて外部から迎え入れることを決断。元にんべんの奉公人で、伊勢高津家の娘婿になっていた佐兵衛を抜擢したのです。

こうして誕生した六代目高津伊兵衛は、独創的なアイデアと優れた経営手腕で、にんべんをさらに発展させました。中でも、天保年間（1830〜44）に「イの切手」を発行し、商品券として普及させたことで有名です。当初は銀製でしたが、のちに紙製になります。これにより、にんべんの経営基盤はより強固なものになりました。

なお、六代目伊兵衛が当主だった頃は、ちょうど江戸を中心にした町人文化（化政文化）の最盛期でした。豪商たちも、文化人のパトロンになってその文化を支えました。六代目伊兵衛も例外ではなく、書画のコレクターとして有名でした。松尾《まつお》芭蕉《ばしょう》の墨絵、円山応挙《まるやまおうきょ》の名画、鈴木春信《すずきはるのぶ》の初版摺錦絵などを多数収集していたといいます（そのほとんどが関東大震災で焼失してしまいました）。晩年には蜀山人大田南畝や、国学者で歌人の村田春海《はるみ》、絵師の狩野栄川《かのうえいせん》らがたびたび店に訪れるなど深い交流があったとされます。

六代目亡きあとも、にんべんは発展を続け、八代目髙津伊兵衛の頃には、幕府の勘定奉行・池田播磨守から直属御用商人に取り立てられ、他の4人の豪商とともに「徳川五人衆」と呼ばれるまでになりました。

価格戦略

儲けのカラクリ 1

「現金安売り掛け値なし」業界初の導入
――現金販売で大きな飛躍を遂げる

三井越後屋が呉服で生み出した画期的な商法「現金掛け値なし」から30年以上がたっていましたが、当時、多くの商売ではまだ年に2度代金を回収する「掛け売り」が一般的でした。相手によって商品の値段を変えていたので「定価」もありません。鰹節問屋の業界でも同様でした。

そんな中、**伊兵衛は鰹節問屋では初めての「現金掛け値なし」の商法を導入しました。**金・銀・銅（銭）という3種の貨幣が流通し、換算率も変動相場だった当時、定価で商売することは画期的だったのです。

店の帳場の上には「現金掛け値なし　小判六十目　銭時相場」という伊兵衛直筆の看板が大きく掲げてありました。これは小判1両を銀60匁と同価として、銅貨（銭）に関しては時価相場で換算します、という意味です。

この売り方は、江戸の町人たちに喜ばれ、にんべんにとっても大きな飛躍のきっかけになりました。「掛け売り」は、武家を相手にすることがほとんどでしたが、「現金販売」によってマーケットが町人へと広がったのです。

儲けのカラクリ 2

顧客多様化戦略

高級な「本座節」だけでなく日常使いの「小箱節」も扱う

――商売相手の多角化でリスク回避

初代伊兵衛が創業した頃、江戸にはまだ鰹節問屋は多くありませんでした。その後、鰹節の需要が高まるにつれ数が増え、蕎麦屋・料理屋などの飲食店のみならず庶民も商売相手になっていきます。

大名家の御膳や贈答用には高級な「本座節」を取り扱う一方、町人の日常使いには「小箱節」を扱うことで廉価販売を可能にするなど、商売相手の多角化を図ってきました。そうすることで、仮に大型取引先がなくなったとしても危機を乗り越えられる体質になったのです。

にんべんには、「商いをするなら自分たちで物を作るな」という言い伝えがあるといいます。初代からずっと自分たちで鰹節を作ることはしませんでした。自分たちで作ったものだと、どうしても品質に妥協してしまう。作ってもらったものだから、その品質を見極めて、いいものだけを仕入れて販売できると考えたからです。

現在においても、にんべんは数多くの商品を販売していますが、そのほとんどは協力工場に生産を依頼しています。

儲けのカラクリ3

前払いビジネス

「イの切手」の衝撃

――商品券による前払いビジネス

六代目伊兵衛が起こした最大のイノベーションは、銀製の鰹節の形をした「イの切手」を発行したことです。これはあらかじめ「イの切手」を買っておくと、店頭で同価格の鰹節に引き換えてもらえるというものです。

今でいう「商品券」の先駆けと言えるでしょう。にんべんでは、これを国内で初めて世に広めることに成功したとうたっています。諸説ありますが、少なくとも江戸においては初めての革命的な試みでした。

なぜなら、商品を売るより先にお金が入ってくることによって、キャッシュフローが大幅に改善するからです。現在の「前払いビジネス」の先駆けと言えます。

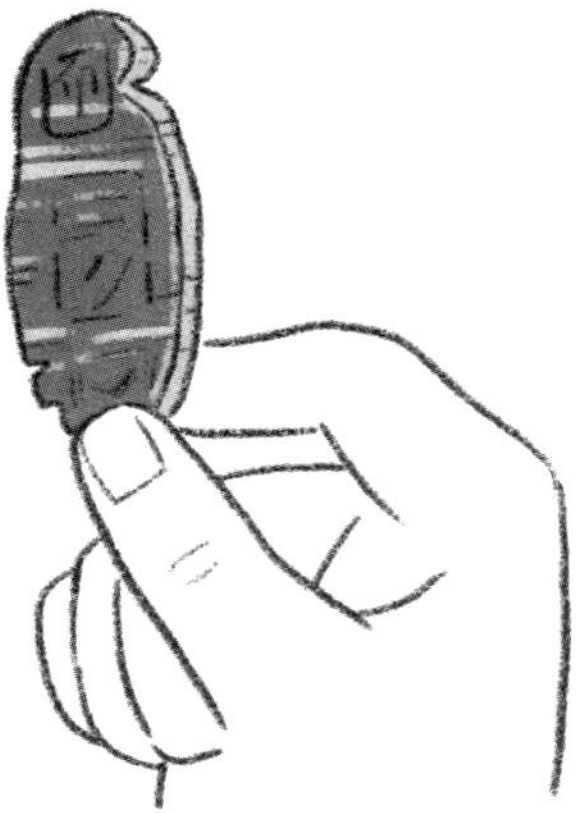

六代目伊兵衛が当初銀製にしたのは、「商品券」という概念がなかった時代に、同じ価値のあるモノでないと信用してもらえないと考えたからでしょう。ただし、それでは「キャッシュフローの大幅改善」というメリットは受けることができません。

やがて商品券に対する理解と信用が深まると、銀製から紙製に切り替えていきました。紙製商品券への転換は、発行コストの大幅な軽減と同時に大量発行を可能にしました。

贈答品としても大変重宝されるようになった鰹節の商品券は、江戸の町中へと広がり、にんべんのキャッシュフローも改善していったのです。このお金の余裕が、明治以降に何度か訪れる経営危機を救いました。

取りつけ騒ぎの対応で株を上げる

明治37（1904）年、この年の2月に日露戦争が勃発。にんべんは軍用食糧として鰹節を国に大量に納めていました。

ところが6月、『東都日報』という新聞がにんべんに対して「髙津伊兵衛山師仕事に手を出しまさに破産せんとす」と根も葉もない中傷記事を載せました。

すると、その記事を読んだ多くの人が、にんべんの商品券を現物に引き換えようと押しかける大騒ぎになったのです。警官が派遣され、日本橋通りの交通がストップするほどでした。

結局、その日に持ち込まれた1円（現在の価値で約1万円）の商品券は、なんと約5万4000枚になりました。当時の当主十代目髙津伊兵衛は、同業者や魚河岸にも応援を求めて5万4000本の鰹節を揃え、夜を徹してその対応に当たりました。翌日も取りつけ騒ぎは続きましたが、にんべんは常に店頭に鰹節を山のように積み上げて冷静に引き換えに応じたため、やがて騒ぎは終息したのです。

この騒ぎの様子は『東京朝日新聞』や雑誌『東京』などで報道され、にんべんの対応は称賛されました。実際、引き換えた鰹節はすべて上品質で、本来の目方よりも多く交換したため、この取りつけ騒動は、かえって、にんべんと商品券の信用を高めることになったのです。その結果、にんべんの商品券は爆発的に売れるようになったといいます。

◆にんべんの現在

にんべんは、幕末明治維新における御用金の未回収、日露戦争時の取りつけ騒動、関東大震災での店舗全壊など、様々な危機を乗り越えました。

第二次世界大戦後は、液体調味料「つゆの素」、鰹の削り節「フレッシュパック」という革新的な商品を世に出し大ヒットに繋げました。「フレッシュパック」は削りたての鰹節をそのまま密封した商品です。苦労を重ねてようやく完成した技術でしたが、にんべんは「業界全体で活用したほうがいい」と製造技術の特許を開放しました。

平成21（2009）年、創業310周年に髙津克幸氏が代表取締役に就任します（2020年に十三代髙津伊兵衛を襲名）。その翌年には、「コレド室町1」にひきたての「だし」をスタンドバー形式で味わえる「日本橋だし場」をオープン。その後、だしのうま味を楽しむレストラン「日本橋だし場 はなれ」、弁当専門店「日本橋だし場 OBENTO」などを出店して事業領域を広げています。

COLUMN

日本橋の200年超老舗企業

江戸時代の初め、五街道の起点であった日本橋は、全国の商業の中心でした。

本書でも「三井越後屋」「西川」「山本山」「山本海苔」「にんべん」と江戸時代から日本橋にあった老舗で、現在も事業が存続している会社を取り上げてきました。

ここでは、本文で取り上げられなかった老舗企業である国分グループ本社と榮太樓總本舗について紹介します。

◆国分グループ本社

酒類・食品の卸売会社、専門商社として知られている国分のルーツは、伊勢商人です。

正徳2（1712）年、伊勢松坂出身の四代國分勘兵衛が常陸国土浦（現在の茨城県土浦市）で醤油醸造業を始め、江戸日本橋本町に「大国屋」の屋号で販売拠点を構えたことに始まります。

続く五代勘兵衛は江戸店を本町から日本橋西河岸町《にしがしちょう》（現在の中央区日本橋 国分グループ本社ビルの地）に移しました。

宝暦6（1756）年「亀甲大醤油」の販売を開始します。最上級の醤油との評価を得て、日本橋でトップクラスの問屋となりました。

明治維新に伴い、幕府や土浦藩などの大口需要先が失われ、御用金も貸し倒れとなりました。また原材料費の高騰や低価格品の醤油も出回り始めたことで経営は苦しくなります。

明治13（1880）年、九代勘兵衛は、170年弱続いた醤油醸造を断念、新時代に沿った食品を扱う事業へと大きく転換しました。卸問屋として様々な食料品を市場に提供することにしたのです。

その後、自社ブランドの缶詰製品なども生産。「K&K」「tabete」「桐印」などのブランドが広く知られています。

◆榮太樓總本舗

文政元（1818）年、それまで武蔵国飯能（現在の埼玉県飯能市）で菓子商をしていた細田徳兵衛が、2人の孫（長孫安太郎、次孫安五郎）を連れて江戸・九段坂に出て、「井筒屋」を構えたことが始まりです。

徳兵衛の曽孫にあたる三代目細田安兵衛（幼名栄太郎）の時に大きく発展します。栄太郎は幼い頃から、父とともに日本橋のたもとにある屋台で金鍔《きんつば》を販売していました。「大きくて甘くて美味しい」と魚河岸の商人たちの評判を呼び、栄太郎の孝行息子のイメージとともに、その噂は江戸中に広まったといいます。

若くして父と伯父を亡くした栄太郎は、弱冠19歳で井筒屋の当主になり三代目細田安兵衛を襲名しました。

彼の頑張りにより、井筒屋はいつのまにか、「栄太郎」と呼ばれることが多くなり、ますます繁盛しました。

そして安政4（1857）年、日本橋西河岸町（現在の中央区日本橋 榮太樓ビルの地）に独立の店舗を構え、「榮太樓」と屋号を改称しました。

日本橋を本拠地に「榮太樓」になってからも、様々な菓子を創案しました。「梅ぼ志飴」「甘名《あまな》納糖《なつとう》」「玉だれ」は特に好評で、榮太樓の名を世に広めました。それまで高価だったお茶菓子を庶民も気軽に楽しめるようにする役割を担ったのです。

現在の榮太樓總本舗は、「あめやえいたろう」「にほんばしえいたろう」「からだにえいたろう」「ピーセン」などのテーマと専門性を持つブランドを展開しています。

紀伊國屋文左衛門
（きのくにや・ぶんざえもん）

1669？～1734？年◎元禄時代を代表する豪商。「紀文」と呼ばれ、数々のエピソードが残っている。中でも「みかん船伝説」や吉原における「豪遊伝説」が有名である。しかし、文献的資料がほとんどなく、生没年や出身地もはっきりしない。

第10章

紀伊國屋文左衛門

大衆が応援したくなる〝ストーリー〟を掲示 物語の主人公となって江戸一の豪商に

◆江戸随一の豪商は伝説上の人物？

江戸時代で一番有名な商人と言えば、紀伊國屋文左衛門でしょう。元禄バブルに乗って一代で成り上がった破天荒な豪商として世に知られています。特に「みかん船」のエピソードは、歌舞伎・大衆演劇・小説・長唄・講談などでしばしば取り上げられ有名です。「紀文」「紀文大尽」と呼ばれ、様々な豪遊伝説も伝えられています。しかし、実際には文左衛門に関しての文献的資料はほとんど残っていません。

語り継がれている伝説の多くが、幕末に紀伊國屋文左衛門をモデルに創作された『長者永代鑑《ちょうじゃえいたいかがみ》』（為永春水《ためながしゅんすい》）や『黄金水大尽盃《おうごんすいだいじんさかずき》』（二世為永春水）などの小説がもとになっているといいます。特に後者は12年間にわたって28編も続き、非常に多くの人に読まれた結果、それ以降の書物が揃ってこの小説の逸話をあたかも史実のように採用したと言われています。

実際に文左衛門が生きていた頃の書物には、彼のことが一切触れられていません。その名前から紀州（和歌山県）出身だと推測されますが、当時の記録や墓なども一切残されていません。出身地として有力だとされる和歌山県有田郡湯浅町には立派な「紀伊國屋文左衛門之碑」が建っていますが、これは1959年に松下幸之助が奉納したもので、生誕地であるという物証は何も残っていません。

◆なぜ「みかん船伝説」を取り上げるのか？

このように謎が多いことから、架空の人物であるという説もあるくらいです（現在では実在はしたというのが大半の見方です）。文左衛門が亡くなってから約70年後に、戯作者の山東京伝が「紀文は享保19（1734）年、66歳で死んだ」と書き残していることから、かろうじて寛文9（1669）年生まれであると推測されています（ただし、これは息子の二代目文左衛門のことだという説もあります）。

このように不確かなことが多いのですが、本項ではあえて文左衛門を一躍有名にした「みかん船伝説」を取り上げ、その「儲けのカラクリ」を解説することにします。なぜなら、たとえ史実ではなかったとしても、これほどまでに多くのコンテンツで伝えられてきているということは、多くの人の感情を大きく動かす要素があり、そこに現在のビジネスへのヒントがあると考えるからです。

※ 以下は、色々なバージョンがある「みかん船伝説」を筆者がアレンジしてまとめたものです。

江戸でみかん不足、紀州で大豊作

当時の江戸では、旧暦11月8日に「ふいご祭り」が各地の神社で盛大に行なわれていました。「ふいご」とは、鍛冶などの際に使われる風を送る機械のこと。鍛冶や鋳物師はこの「ふいご」をとても大切に考えていて、一年お世話になった御礼に近くの神社で祭りを行なっていたのです。この時、集まった地元の見物客に対して、大量のみかんを撒くのが恒例になっていました。

ある年、江戸ではみかんの価格が急騰していました。嵐で時化《しけ》が2カ月以上続いて、紀州から江戸への船が出せなかったためです。鍛冶屋からは「これでは今年のふいご祭りにみかんを使うことができない」という声が上がっていました。一方、紀州では名産の有田みかんがまれにみる大豊作でした。しかし大消費地の江戸に出荷できないため、大量にみかんが余り、価格が暴落していました。大坂の商人にタダ同然で買い叩かれ、生産者にとって死活問題になっていたのです。

◆紀文、江戸へみかんを運ぶ決意をする

江戸では暴騰して紀州では暴落。江戸に出てまだ数年、当時まだ20代前半だった文左衛門は、このニュースを聞いて、ある決意をしました。自分で船を出して、ふいご祭りに間に合うように、紀州から江戸へみかんを運ぶというものです。

ただし当時の文左衛門には、まだ船やみかんを買うようなお金を持っていません。そこで神主をしている妻の実家から大金を借り、オンボロ船を購入して修理し船員たちを集めました。命の危険があるからと前払いという好条件です。

江戸では、紀伊國屋文左衛門という男が故郷のために決死の覚悟で紀州にみかんを買いつけに行く、という噂が流れていました。同時に「沖の暗いのに白帆が見

える　あれは紀ノ国みかん船」という歌が流行り始めていました。みんなその曲に合わせて「かっぽれ」という踊りをつけて歌うのです。いずれも文左衛門本人が発信源でした。

また文左衛門は、鍛冶屋などの代表に「紀州からみかんを運んでくるので、無事に着いたらぜひふいご祭り用に買ってほしい」と根回しをしました。文左衛門の故郷に対する想いを聞いた鍛冶屋たちは、二つ返事で了承したといいます。

◆紀文、一世一代のパフォーマンス

江戸から紀州に船出する日、文左衛門は噂を聞いて駆けつけてきた見物客に向けて一世一代のパフォーマンスをします。文左衛門を先頭に、船員たちはいずれも真っ白な着物（死に装束）で大勢の人の前に立ちました。決死の覚悟を示すためです。そこで文左衛門は、「故郷の紀州を救うために、ふいご祭りで使ってもらうために、命を落とす覚悟でみかんを運んで参ります」と挨拶をしてから出航しました。大げさといえば大げさですが、見物客は盛り上がります。

誰からともなく「沖の暗いのに 白帆が見える あれは紀ノ国みかん船」と歌い、踊り始めました。

その後、紀州に着いた文左衛門は大量のみかんを買いつけ、嵐の中を江戸に持ち帰りました。そこには、出発の時より大勢の見物客が溢れ返っていました。ふいご祭り用はもちろん、残ったみかんも高値で飛ぶように売れました。

江戸でも大坂でも大儲け

町民は決死の覚悟で運んできたことに、より大きな価値を感じたのです。一説には、このみかん船で文左衛門のもとには5万両

（約50億円）の大金が転がり込んできたといいます。

さらに、こんな後日談も残っています。江戸でみかんが完売した頃、大坂で洪水が起きて伝染病が流行っているという噂が流れてきました。文左衛門は、江戸にある塩鮭を買えるだけ買い占めました。そして、人を使って大坂で「流行り病には塩鮭が一番効くらしい」という噂を流しました。

その後、文左衛門は、みかんの代わりに塩鮭を大量に積んだ船で大坂に向かいました。塩鮭は高値で飛ぶように売れたといいます。またも大金が転がり込んできたのです。

ここからは、みかん船伝説の「儲けのカラクリ」を見ていきましょう。

儲けのカラクリ 1

口コミ戦略

事前に噂を広げ、歌を流行らせる

——パフォーマンスとPR戦略

文左衛門は、実際にみかん船に乗って紀州に向かうというパフォーマンスを行なう前に、できるだけ噂や歌を広めるようにしました。一般の町民たちにとって、みかんはそこまでの大きな関心事ではありません。しかし、噂や歌を何度も聞くようになると、だんだんと「みかん船」のことが気になっていきます。このように、事前に情報を広めて期待感を煽ることは、後で述べる「コト消費」において重要な役割を果たします。

また、ふいご祭りの関係者にあらかじめ話すことで安定した大取引先を確保しておくのも、リスクマネジメントの観点からは優れた施策と言えます。

儲けのカラクリ 2

ストーリーブランディング

ストーリーの黄金律で「欠落した主人公」に
——多くの人から応援される存在に

文左衛門の行動は結果的に大金を得ました。しかし、動機としては「故郷の紀州のみかんを救う」「ふいご祭りのみかんを仕入れる」という「大義」がありました。行動に大義があると、「物語の主人公」になることができ、まわりの人はその主人公を応援したくなります。

特にその物語が「ストーリーの黄金律」に沿ったものになっていると、人の感情を大きく動かすことができます。

ストーリーの黄金律

1、何かが欠落したもしくは欠落させられた主人公が
2、遠く険しいちょっと無理なのではという目標に向かって
3、いろいろな障害や葛藤を乗り越えていく

みかん船伝説はまさにこの「ストーリーの黄金律」に則ったものであることがわかるでしょう。だからこそ多くの人の心を動かしたのです。

このように「人」「企業」など「物語の主人公」になって、周囲からの応援を受けて価値を高める手法をストーリーブランディングと呼びます。みかん船伝説は、ストーリーブランディングの先駆けだと言ってもいいでしょう。

儲けのカラクリ3

コト消費

「みかん船」をコト消費させる

――一大イベントにして消費意欲を高める

文左衛門は出航する際に多くの人を集め、みかんを運んでくること自体を大きなイベントにしました。運んできたみかんは高値で売れましたが、**多くの人はモノとしての「みかん」が欲しかったわけではなく、みかん船というイベントによって運ばれてきた「みかん」だからこそ、高いお金を出してもいいと考えたのです**。これは今で言うところの「コト消費」の先駆けです。

「コト消費」とは、一般的な物品を購入する「モノ消費」に対し、非日常的な体験を伴う「コト」に価値を感じてお金を使うことをいいます。みかん船伝説の例は、

「コト」によって「モノ」の価値を高めた好例です。

◆材木商になり江戸随一の豪商に

文左衛門は、みかん船で得た利益で材木商になりました。「火事と喧嘩は江戸の華」と呼ばれていたくらい江戸では火事が多く、建築に必要な材木を扱う商売はどんどん繁盛しました。

さらに、幕府の側用人柳沢吉保《やなぎさわよしやす》や勘定奉行荻原重秀《おぎわらしげひで》らの要人に、賄賂や接待でうまく取り入り、大規模な公共工事を次々に受注したという側面もありました。中でも上野寛永寺根本中堂の改築に使用するすべての木材を一手に受注した時は、なんと50万両（500億円）もの儲けを出しました。

山東京伝は『近世奇跡考』の中で文左衛門を以下のように描写しています。

「材木商を家業とする世に聞こえし豪商である。常に花街で遊んで大金を浪費するのを快としていた。それ故、『紀文大尽』というあだ名で世に知られている。宝永年間には、本八丁堀三丁目すべてが紀文のお屋敷になった。毎日のように畳を新調した。これはお客さんが来るたびに新しい畳を敷き代えるからである。これひとつをとってもどれだけの富豪かわかるだろう」

文左衛門の屋敷は本八丁堀三丁目（現在の中央区八丁堀四丁目付近）にあったとされていますが、儲けるにつれ増築していき、ついには三丁目全体が彼の屋敷になりました。また来客のたびに、畳を新しく敷き代えていたといいます。

遊廓の吉原では、文左衛門の豪遊伝説がいくつか残っています。たとえば節分の時に豆の代わりに金粒を撒いたり、大門を閉め吉原全体を貸し切りにする総仕舞いを3度行なった等です。吉原の総仕舞いには一夜で2300両（約2億3000万円）かかったと言われています。

このように豪奢を極めていた文左衛門でしたが、将軍徳川綱吉の死後、柳沢吉保が引退し、荻原重秀が失脚するなど後ろ楯を失ったことで徐々に没落していきます。晩年は商売を辞め、深川八幡近くに住まいを移し、俳句を詠んで優雅に暮らしたと伝わっています。

鍋島直正
（なべしま・なおまさ）

1814 ～ 1871 年◎肥前国佐賀藩十代藩主。号は閑叟《かんそう》。どん底だった佐賀藩を、徹底した組織改革で全国一の技術力と軍事力を持つ雄藩へと押し上げた名君。九代藩主・鍋島斉直の十七男として、江戸佐賀藩邸で生まれる。17 歳で藩主になると、節約やリストラによって支出を抑制。借金を整理し、磁器・茶・石炭などの産業育成を通じて収入を増やすことで財政改革を行なった。身分に関係なく有能な藩士を登用。教育にも力を入れ、藩校「弘道館」を拡充した。早くから国防のための兵器の必要性を感じ、鉄製大砲鋳造のための反射炉を築いたり、理化学研究所「精煉方」や海軍伝習所を設置した。その結果、佐賀藩は日本最先端の技術力を持ち、優秀な人材も多数育つようになる。こうして佐賀藩は明治維新期に大きな役割を果たし、日本の近代化を推進する原動力となった。

第11章

佐賀藩第十代藩主 鍋島直正

徹底した〝組織改革〟でどん底から最強藩へ
人に投資することで数々のイノベーションを起こす

◆佐賀藩を「日本最強」にした男

鍋島直正は幕末動乱期の肥前国佐賀藩の藩主です。自らのリーダーシップで破綻寸前だった藩の財政を立て直し、西洋技術を積極的に取り入れて産業や教育の近代化を進めました。やがて佐賀藩は全国トップクラスの軍事力、技術力を擁する雄藩になり、その実は幕府や薩摩藩をもしのいでいたと言われています。

その結果、佐賀藩は倒幕運動には不熱心だったにもかかわらず、明治維新を迎える頃には薩摩・長州・土佐と並び「薩長土肥」と呼ばれるようになりました。

このような功績から、鍋島直正は、幕末一の名君と呼ばれています（その一方で他藩からは「そろばん大名」「蘭癖《らんぺき》大名」「肥前の妖怪」というような陰口も叩かれました）。

直正がいかにして、どん底だった佐賀藩を立て直したかを知ることは、現代における企業や団体の組織改革を実行する際、大いに参考になるでしょう。

◆17歳で藩主に。直後に人生最大の恥辱を味わう

鍋島直正は、佐賀藩九代藩主・鍋島斉直《なりなお》の嫡子として、文化11（1814）年、江戸桜田の佐賀藩邸（現在の日比谷公園敷地内）で生まれました。12歳で、3歳年上の盛姫（11代将軍徳川家斉の娘）を正室に迎えます。天保元（1830）年には、父の隠居により17歳で佐賀藩36万石の家督を継ぎ藩主になりました。

当時、佐賀藩の財政は破綻寸前でした。フェートン号事件（※1）をきっかけに長崎警備に費用がかかっていた上に、2年前にシーボルト台風（※2）による甚大な被害にも遭っていました。また父である先代藩主・斉直がぜいたく好きだったこともあり、借金が雪だるま式に膨んでいたのです。

直正が藩主になって早々に、いかに藩の財政が逼迫しているかを知らされる屈辱的な事件がありました。

江戸生まれ江戸育ちの直正が、藩主になって初めて佐賀にお国入りすることになった時のこと。大名行列をもって江戸屋敷を出発しましたが、品川の本陣に到着

するや、一向に出発する気配がありません。直正が事情を聞くと、家臣は「江戸屋敷で買っていた日常品の代金が未払いであり、殿様の代替わりを機にそれを取り立てようと商人たちが藩邸に押しかけてきたため、出発が遅れている」というのです。

直正は「状況は聞いていたが、藩の財政はここまで困窮していたとは」と嘆きました。本来であれば一番晴れがましいはずの日に味わったこの屈辱を一生忘れずに、佐賀藩を立て直そうという強い思いを固めたといいます。行列は夜になってようやく品川を出発しました。

※1　フェートン号事件……文化5（1808）年8月15日、イギリス軍艦「フェートン」号が、オランダ国旗を掲げて長崎港に不法侵入した事件。艦長ペリュー大佐は、オランダ商館員を拉致して長崎奉行に飲料水、薪、食糧などを要求。拒否すれば港内の船舶を焼き払うと脅され、長崎奉行はやむなく要求を受け入れる。結局、それらを受け取ったフェートン号は人質を釈放して出帆した。その後、奉行松平康英は責任をとって切腹。警備の当番だった佐賀藩も、藩主鍋島斉直が100日間の逼塞《ひっそく》を命じられた。

※2　シーボルト台風……文政11（1828）年8月9日に日本に襲来し、九州北部に甚大な被害をもたらした台風。佐賀藩だけで死者が約1万人出た。この台風によって、当時日本に滞在中だったドイツ人学者・

シーボルトが乗っていた船が座礁し、日本地図を国外に持ち出そうとしていたことが発覚したこと（シーボルト事件）から名付けられた。

佐賀城火災をきっかけに藩政改革を実行

佐賀に帰国した直正は、藩の財政を立て直そうと倹約令を出します。しかし、藩政の実権は前藩主の父・斉直やその側近たちが握っていました。彼らの抵抗が強かったため、なかなか思い通りの結果は得られず、直正は忸怩《じくじ》たる思いを抱き続けていました。

天保6（1835）年、藩の中枢であった佐賀城二の丸が大火で全焼するという大事件が起きます。直正は、この大きなピンチを利用しました。早々に「佐賀城本丸」再建を宣言すると、父・斉直やその側近たちから実権を奪い取り、藩政改革を一気に推し進めたのです。

直正によるこの一連の改革は**「佐賀藩天保の改革」と呼ばれ、財政の健全化、行政のスリム化、人材の発掘、産業の発展などの大きな成果を生み出したのです。**

◆アヘン戦争をきっかけに海防強化

天保11（１８４０）年、イギリスと清との間でアヘン戦争が勃発しました。しかも、大国と思われていた清は、イギリス軍の近代兵器を前に為す術もなく敗北し、屈辱的な南京条約を結ばされて香港はイギリスの植民地になってしまいました。

長崎警備の任にあった佐賀藩では、欧米列強に対する警戒感が急速に高まっていきます。中でも直正は、「このままでは日本も同じ運命を辿ってしまう」と敏感に反応し、海防強化のために西洋砲術の本格導入を決意します。

天保15（１８４４）年、直正は藩主自ら長崎に来航していたオランダ軍艦パレンバン号に乗船しました。鉄製大砲を積載した最先端の巨大軍艦は、直正にさらに大きな衝撃を与えます。欧米列強の外圧に立ち向かうには、西洋式の蒸気船と大砲を自前で作り、対抗できるだけの軍事力を持つしかないと考えるようになりました。

◆日本初！　国産大砲の製造に成功

まず手をつけたのが、炉内で銑鉄《せんてつ》を高温で溶かす装置である反射炉の建設です。大砲を鋳造するためにはなくてはならない装置です。しかし、日本ではまだ実用化されておらず、参考になるのはヒューゲニン著『ロイク王立鉄製大砲鋳造所における鋳造法』というオランダの書物のみ。反射炉はできましたが、そこからの製鉄、大砲づくりは難航を極めました。何度も失敗を重ねましたが、諦めずに試行錯誤を繰り返し、嘉永5（1852）年に大砲の製造に成功。日本で初めて近代製鉄所の原型を作り上げたのです。

その翌年、ペリーが黒船に乗って浦賀沖に来航します。あわてた幕府は佐賀藩に、鉄製大砲の納品を依頼します。直正は先見の明があったということでしょう。実際、品川砲台に設置されたのは、ほとんどが佐賀藩製の大砲でした。

さらに直正は、洋式の造船ドックの建設を指揮し、日本で初めて実用化された洋式蒸気船（凌風丸）を完成させました。また当時、世界最先端だったアームストロング砲の自作にも成功。佐賀藩は、薩摩、長州はもとより、幕府をもしのぐほどの軍事力や技術力を身につけるようになったのです。

肥前の妖怪と恐れられる

日本初と言える産業革命を実行し、日本一の技術力や軍事力を誇った佐賀藩でしたが、他藩からの直正の評判は芳しくありませんでした。強引な債務整理を行なったことから「そろばん大名」と呼ばれたり、オランダをはじめとする西洋文化に傾注したことから「蘭癖大名」という陰口を叩かれたりしました。また、勤王、佐幕両派が対立する中、どちらにも味方せず態度を明確にしなかったことから、直正は両派から「肥前の妖怪」と呼ばれ気味悪がられていました。

直正は、武力による倒幕に反対でした。日本国内での内戦は何としても避けるべし、という信念を持っていたため、どちらにも加担したくなかったのです。それは大政奉還・王政復古になっても継続されました。慶応４（１８６８）年1月に鳥羽伏見の戦いが終わると、徳川慶喜の恭順姿勢などの状況を見据え、より早く内乱を収めるためにようやく官軍に加わったのです。

戊辰戦争の功労から新政府の中枢に

佐賀藩の最初の活躍は上野戦争でした。最新鋭の武器であるアームストロング砲の威力はすさまじく、たった半日で上野山に立て籠もる彰義隊《しょうぎたい》を壊滅させました。その後の東北における戦闘での佐賀藩の活躍が大きかったため、明治維新を主導した「薩長土肥」と呼ばれる雄藩の一角に入ることになりました。発足したばかりの明治政府では、直正が育てた人材が大いに活躍したのです。

直正自身も岩倉具視らとともに新政府の議定《ぎじょう》に就任しました。また、藩の領地を朝廷に返納して国家統一を図る意見にいち早く賛成し、これに土佐、長州、薩摩も同調、他藩も続々と版籍奉還を願い出ることになりました。

明治2（1869）年には、初代北海道開拓長官に就任。直正本人は体調を崩していたため、実際に北海道へ赴任することはなく、まもなく大納言に転任しますが、諸藩に先んじて佐賀藩の民を北海道に移住させました。

そして明治4（1871）年1月18日、東京永田町の自宅で亡くなります。享年58歳。最後の言葉は「廃藩置県に協力せよ」だったといいます。

ここからは、破綻寸前だった佐賀藩を、直正がどのように組織改革していったのか、具体策を見ていきましょう。

儲けのカラクリ 1

積極的リストラ戦略

二の丸全焼からのV字回復

——最大のピンチをチャンスに変える

直正が17歳で藩主になってから約5年間、思い通りの改革はできませんでした。自らがまだ若く経験不足だったことに加え、前藩主の父やその側近たちが実質的に藩政を牛耳っていたからです。

天保6（1835）年、直正が22歳の時に、佐賀城の二の丸が火事で全焼します。100年前に本丸が焼けてから藩の政務の中心であった建物です。ただでさえ財政難にあえぐ佐賀藩にとっては、存亡の危機とも言える最大のピンチでした。

しかし、直正はこの大ピンチをチャンスに変換します。**二の丸ではなく本丸を再建し、従来はバラバラだった行政機関を集中させることにしました。**その費用の2

万両（約20億円）は、妻の盛姫の縁もあり幕府から借金しました。

藩政の中心を本丸に移すことで、権力の譲渡が行われることを藩内に明確に示す役割もありました。このビッグプロジェクトを成功させたことで、直正は本当の意味での藩主になったのです。

直正はまず、困窮した藩の財政再建に着手します。巨額の負債を大胆に削減するために、元金の一部を数十年の長期分割で返済し、後は債権放棄をさせるという方法を取りました。さらに、江戸藩邸の予算の大幅削減や、参勤交代の規模の縮小などの経費削減を強行していきました。一方でロウソク・磁器・茶・石炭など産業育成・交易に力を注ぐことで増収を図りました。

これらの施策のせいで、直正は「そろばん大名」と揶揄されましたが、藩の財政は大幅に好転しました。

その後、直正は、自らの幼少期の教育係でもあった儒学者の古賀穀堂《こがこくどう》の提言を取り入れ、「人材登用」「教育」「行政」「財政」「農政」「医療」「産業」「軍事」などの分野での改革を一気に進めていきます。

儲けのカラクリ 2

教育投資戦略

惜しみない「人への投資」と、医学教育の推進

――天然痘のワクチンを佐賀から全国へ

藩の実権を握った直正は、役人の3分の1にあたる420人を一気にリストラし、身分にとらわれず改革派の藩士を登用しました。側近に改革派の有能な人材を揃えたのです。

そして新たな人材発掘のために、藩校の弘道館の敷地を3倍にし、予算を7倍にしました。**財政難にあえぎ、あらゆることを節約していた時であるにもかかわらず、「教育」や「人への投資」は怠らなかったのです。**

弘道館には、家老から下級武士まで全藩士の子弟の入学を求め、優秀な成績を収

めれば身分にかかわらず抜擢することを明言しました。それまでの門閥制度（代々の家柄で役職が決まる）をひっくり返す大改革でした。一方で、25歳までに成果を収めなければ家禄を減らし、役人に採用しないとした厳しい「文武課業法」を制定し、徹底して勉学を推奨したのです。

直正はさらに蘭学寮や医学館を設けて、蘭学や医学を積極的に学ばせ、多くの人材を輩出します。それまで世襲が一般的だった医者になるための免許制度を初めて導入しました。

また当時、佐賀で大流行していた不治の病「天然痘」を根絶するため、直正は牛の痘苗（ワクチン）をオランダから取り寄せるよう命じます。当時、痘苗を打つと牛になるという俗説があり敬遠されていましたが、あえて幼い息子に接種することで安全性を世に示しました。その後、種痘は佐賀から全国に普及し、多くの人命が救われることになりました。

儲けのカラクリ 3

人材登用戦略

総理大臣をはじめ佐賀の七賢人を輩出

――「人への投資」がのちに花ひらく

佐賀藩はその後も「教育」や「人への投資」に力を注ぎ、家柄・身分にとらわれずに人材を登用しました。その結果、佐賀藩は、時代の変化に柔軟に対応できる多様で優秀な人材を輩出します。

明治新政府で活躍した副島種臣《そえじまたねおみ》、大木喬任《たかとう》、大隈重信、佐野常民《つねたみ》、江藤新平、島義勇《よしたけ》らの佐賀藩士はすべて弘道館の出身者です。

◆弘道館出身の主な人物（鍋島直正を含め「佐賀の七賢人」と呼ばれる）

副島種臣《そえじまたねおみ》（1828〜1905）

明治政府の政治家・外交官として、外務卿（第三代）、内務大臣（第四代）、枢密院副議長（第二代）などを務める。

大隈重信《おおくましげのぶ》（1838〜1922）

第八代、第十七代内閣総理大臣。日本で初の政党内閣を組織した。東京専門学校（現在の早稲田大学）の創設者。

大木《おおき》**喬任**《たかとう》（1832〜1899）

明治元（1868）年東京府知事に就任。江戸を東京とすることに尽力した。初代文部卿などを経て教育制度の確立に力を注ぐ。

佐野常民《さのつねたみ》（1822～1902）

佐賀藩精煉方主任を経て、日本初の実用蒸気船「凌風丸」を完成させる。また、佐賀藩団長としてパリ万博に参加、赤十字運動を知り、のちに日本赤十字社を創設。

江藤新平《えとうしんぺい》（1834～1874）

明治新政府の中核で活躍し、廃藩置県を断行。初代司法卿として近代司法制度の基礎をつくる。明治7（1874）年、佐賀の乱で敗れ、刑死。

島義勇《しまよしたけ》（1822～1874）

幕末に北海道と樺太を探検・調査。明治2年、北海道開拓使主席判官に就任し、札幌のまちづくりの指揮を執る。明治7年、佐賀の乱で敗れ、刑死。

儲けのカラクリ 4

イノベーション戦略

藩外から技術者をスカウト
——日本初の理化学研究所を創設

直正は西洋の科学技術をいち早く取り入れることで、幕末の佐賀藩を日本一の「技術先進国」にしました。

日本初の反射炉を建設し、大砲の製造に成功。日本で初めて近代製鉄所の原型を作り上げたことは、前述の通りです。

「日本の産業革命は佐賀から始まった」と言っても過言ではありません。

藩外から優秀な技術者をスカウトしたのも直正の大きな功績です。

日本初の理化学研究施設である「精煉方《せいれんがた》」を創設し、他藩の優秀な技術者を招き

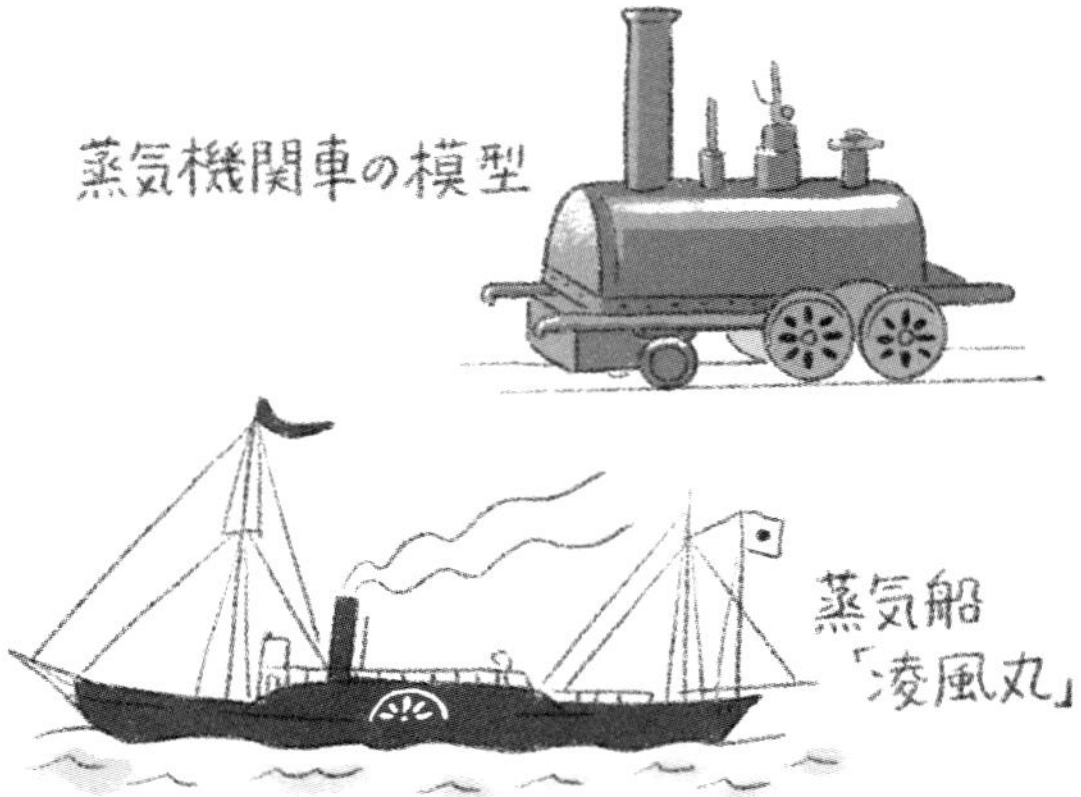

ました。

その中でも久留米藩出身の田中久重《ひさしげ》は大きな役割を果たしました。

東芝の創設者田中久重を重用

久重は、当時流行していた「からくり人形」の新しい仕掛けを次々と考案して「からくり儀右衛門《ぎえもん》」の異名を持つ技術者でした。

その後、大坂で西洋技術を学び、不定時法に対応する万年時計「万年自鳴鐘」などを完成させていました。

嘉永6（1853）年、久重は佐野常民からの誘いで佐賀に移住し、精煉方に着任します。

直正から「からくりが作れるんだから、蒸気機関も作れるはずだ。ぜひ作ってほしい」と言われた久重は、「人間の頭にひとたび浮かんだ思いつきは、必ず実現できます」と応じたといいます。

その後、久重は精煉方の中心メンバーとして、国内初の蒸気機関車の模型を製造することに成功。

慶応元（1865）年には国内初の蒸気船「凌風丸」を完成させるという偉業を成し遂げました。

ちなみに、田中久重は明治6（1873）年に75歳で東京に移住。その2年後の明治8年、東京・京橋区南金六町（現在の銀座八丁目）に電信機関係の製作所・田中製造所を設立します。

この会社は、のちに「東芝」の前身となりました。

夢を持ち
前へ歩き続ける限り
「余生」はいらない

伊能忠敬
（いのう・ただたか）

1745～1818年◎蝦夷地（北海道）から九州までを測量し、極めて精度の高い日本地図『大日本沿海輿地《よち》全図《ぜんず》』を作り上げたことで知られる。18歳で下総国香取郡佐原《さわら》村（現在の千葉県香取市佐原）で商家伊能家の婿養子に入り、家業を発展させた。51歳で家督を息子に譲り隠居。以前から興味のあった暦学（現在の天文学）を学ぶため江戸に出て、幕府天文方の高橋至時《よしとき》に師事する。学問的興味から蝦夷地への測量を幕府に願い出て許可される。測量の旅は寛政12（1800）年から文化13（1816）年まで、17年をかけて行われた。忠敬は、地図の完成を見ることなく74歳でその生涯を閉じた。

第12章

伊能忠敬

歴史に残る〝シニア起業〟のロールモデル!
熱意と柔軟さで隠居後に大事業を成し遂げた

前人未到！　実測による日本地図を作成

伊能忠敬の名前はご存知の方も多いでしょう。17年をかけ、徒歩で日本全国を測量して『大日本沿海輿地全図《よちぜんず》』という正確な日本全土の地図を作成させた偉業で知られています。しかし、忠敬が「前半生に商人として成功したこと」や「隠居後になぜ全国を測量することになったのか？」まではご存知ない方も多いのではないでしょうか。当初、忠敬は地図を作りたくて測量に出かけた訳ではありません。別の目的がありました。

忠敬の隠居後の生きざまは、最近増えているシニア起業において参考にすべき事例であり、ロールモデルともいえるでしょう。

過酷な幼少期を過ごす

伊能忠敬は延享2（1745）年、上総国山辺郡小関村（現在の千葉県山武郡九十九里町）の網元である小関五郎左衛門家当主・小関貞恒の第三子（次男）として生まれました。忠敬が6歳の時に母親が亡くなり、婿養子だった父親は離縁され実家に戻ることになりました。兄や姉は父についていきましたが、なぜか忠敬は小関家にひとり残されます。

それから10歳で父のもとへ引き取られるまでの4年間、忠敬は小関浜の納屋で起居し漁具の番をして過ごすという、過酷な幼少期を過ごしたと言われています。その後も、父親と兄・姉・忠敬の家族は、親類や知人の家を頼って流浪の生活をしていました。そんな中でも、忠敬は学問に優れ、特に算術は非常に得意でした。

◆佐原の豪商伊能家の婿養子に

宝暦12（1762）年、忠敬18歳の時、下総国香取郡佐原村（現在の千葉県香取市佐原）の酒造家・伊能三郎右衛門家の娘である達《みち》と結婚し婿養子になります。伊能家は佐原で有数の商家でしたが、当主が次々と亡くなるなどの不幸が重なり、商売も停滞していました。そこで、新たな跡継ぎとして白羽の矢が立ったのが忠敬だったのです。伊能家の親戚の家で、土地改良工事の現場監督として忠敬を使ったところ、素晴らしい采配を振ったことで気に入られたのがきっかけでした。

当時の佐原村は、利根川からの舟運の中継地として栄え、人口はおよそ5000人という関東でも有数の村でした。幕府直轄の天領であり、江戸との交流が盛んで、物流だけでなく人や情報も行き交っていました。このような佐原の土地柄は、後の忠敬の活躍にも影響を与えたと考えられています。

多角経営で事業を拡大

伊能家の十代目当主に就いた若き忠敬は、当初はうまくいかなかったようです。病気で長期間寝込んでいた時期もありました。しかし、やがて類いまれなる経営手腕を発揮するようになります。その手法は多角経営でした。本業の酒造業に加え、米の取引、店賃貸などの不動産業にも取り組みました。江戸においては薪炭《しんたん》問屋の経営や金貸業も手がけ事業を拡大したのです。

忠敬が30歳だった安永3（1774）年と、50歳だった隠居前年の寛政6（1794）年における伊能家の収入が記録に残っています。それによると、前者が約3

51両（約3510万円）、後者が約1264両（約1億2640万円）と、20年間で約3・6倍も収入を伸長。これは多角経営の成果と言えるでしょう。

またその実直な人柄はまわりからの尊敬を集め、天明元（1781）年、忠敬37歳の時には、佐原村の名主に選出され、村のとりまとめ役も担うようになりました。その翌年から「天明の大飢饉」が起こり、全国で餓死者が続出しましたが、忠敬が困窮者にも手を差し伸べたことで佐原からは1名の餓死者も出なかったと伝えられています。

◆事業のかたわら暦学の勉強を続ける

このように経営者や村のリーダーとして優れた手腕を発揮した忠敬でしたが、幼少期に好きだった学問の探求も忘れていませんでした。江戸から様々な書物を取り寄せ、夜な夜な読みふけっていたのです。中でも忠敬の興味をそそったのは、当時は最先端の学問であった暦学（現在の天文学）でした。暦学に関する書物は100冊以上も取り寄せ、独学で最新知識を学び続けていたのです。

寛政7（1795）年、51歳になった忠敬は、家督を長男に譲り隠居しました。この時、伊能家は3万両（約30億円）もの資産があったといいます。

◆単身江戸に移住し、19歳年下の師匠から学ぶ

隠居した年、忠敬は単身江戸深川に移住しました。かねてから興味を持ち続けてきた暦学・天文学を本格的に学ぶためです。ちょうどその頃、新進気鋭の天文学者・高橋至時《よしとき》が、改暦のため大坂から幕府天文方暦局に抜擢され、江戸に着任したところでした。その噂を聞きつけた忠敬は、弟子入りを志願したのです。

こうして19歳年下の師匠・至時の弟子となった忠敬は、江戸で研究生活を始めました。肩書は「天文方高橋至時弟子浪人 伊能勘解由《かげゆ》」です（勘解由は隠居名）。忠敬は、受け身で学ぶのではなく、自分でどんどん研究を進め、疑問点を師に質問するという方法で勉学に励んだといいます。またその財力をもって天文を観測する機材を買い集め、自宅に小規模ながら幕府天文方に匹敵するようなクオリティの観測所を設置しました。

昼は太陽の南中高度を測り、夕方からは星の観測を毎日定時に行なうことで、「推歩《すいほ》」という天体運行の計算に熱中しました。日中に金星の南中を観測したのは、忠敬が日本で最初でした。昼間の星は滅多に見られないものなので、余程まめに観測していたということでしょう。実際に忠敬は、悪天候の日以外は人とゆっくり話すこともせず、たとえ師匠の至時から話を聞いている時も、夕方になるとそわそわして慌てて帰り、懐中物や脇差などを忘れて帰ることもしばしばだったといいます。

当初、至時は自分に弟子入り志願をしてきた忠敬を、年寄りの道楽だと思っていましたが、そのあまりの熱心さに「推歩先生」というあだ名をつけ尊敬するようになりました。

◆「地球の大きさ」を知りたい!

当時、至時をはじめ、日本の天文学者たちの最大の関心は、「地球の大きさ」でした。地球が球体であることは、オランダの書物から知っていましたが、その大きさは諸説あり、はっきりとわかっていなかったのです。地球の大きさを知るには、

「子午線1度の距離」を正確に計測しなければなりません。そのためには、同じ経線上の南北の2つの地点の距離を正確に測り、それぞれの地点で北極星などの恒星の位置を観測して緯度を明確にする必要がありました。しかし日本で実測した例はなく、正確な数字はわかっていませんでした。

忠敬も当然「子午線1度の距離」を知りたいと思うようになります。深川の自宅から浅草の天文台までの距離を何度も歩いて測量し、それをもとに「子午線1度の距離」を計算しました。その数字を至時に報告すると、「そのような短い距離で求めても誤差が大きすぎて意味がない。信頼できる値を求めるならば、少なくとも江戸から蝦夷地（北海道）ぐらいまでの距離が必要だ」と一蹴されてしまったのです。

もちろんそれで諦める忠敬ではありません。だとしたら蝦夷地まで測量に行って「子午線1度の距離」を計測したいと思い立ちます。しかし、当時の蝦夷地は幕府直轄の禁足地。勝手に行ったり計測したりすることは許されていませんでした。

◆幕府に許可をもらうための大義

至時には作戦がありました。当時、ロシアの脅威が迫っていたことから、幕府が蝦夷地の正確な地図を必要としていることを知っていたのです。蝦夷地へ行って測量を行ない地図を作成するという名目ならば、幕府も許可するのではないかと考えたのです。地図のための計測をしつつ緯度も計算すれば、「子午線1度の距離」もわかるかもしれません。

しかし、一介の商人である忠敬が測量に行くことは、幕府からなかなか認められず、ようやく許可が出たのは寛政12（1800）年でした。しかも、「測量」ではなく「測量試み（予備調査）」という名目で、支払われるのはわずかな日当だけ。そのほとんどは自費という条件でした。それでも蝦夷に行って天体観測をできると知った忠敬は、大いに喜びました。

第一次測量を開始

寛政12（1800）年閏《うるう》4月19日、忠敬は56歳にして、測量のために蝦夷地へ旅立ちます。歩測で距離を測りながら北上し、津軽半島の最北端・三厩《みんまや》から蝦夷地に入りました。5月29日、箱館（現在の函館市）を出発し、蝦夷地測量を開始します。一行は海岸沿いを測量しながら進み、夜は天体観測を行ないました。海岸沿いを通れない時は山越えをしました。蝦夷地での計測は過酷でした。道は険しく整備されていないところも多いのに加えて、宿もありません。宿泊は会所や役人の仮家を利用しました。

そんな過酷な状況下で、忠敬らは117日かけて蝦夷を測量しました。9月18日に蝦夷を離れて津軽三厩に到着し、そこから本州を南下して、10月21日、人々が出迎えるなか千住に到着しました。計180日、往復3200キロの旅で、途中81カ所で天体観測を行ないました。

11月上旬から測量データをもとに地図の作成にかかり、約20日間を費やし地図を完成させました。完成した地図は12月21日に幕府に提出しています。師の至時は、忠敬の測量について「蝦夷地で大方位盤を使わなかったことについては残念だ」としながらも、その精度は「予想以上だ」と高く評価しました。

◆師の死を乗り越えて全国を測量

最初の地図の評価が高かったことから、忠敬は翌享和元（1801）年4月に第二次の測量に旅立ちます。測量方法も改善し、間縄《けんなわ》を使うことでより精度の高い測量が可能になりました。その後、忠敬は17年かけて全国を測量することになり、歩いた距離は地球一周分に近かったと言われています。

第四次計測で東日本の測量が終わり、忠敬が江戸に戻ってきていた時、師でありこの計測事業を陰で支えてくれていた高橋至時が、41歳という若さで亡くなるという訃報がありました。

文化13（1816）年、最後に江戸府内の測量を終えると、これまでの実測資料を総合し、それに弟子の間宮林蔵《まみやりんぞう》が蝦夷地で実測してきた資料を加えて、日本地図の作成に取りかかります。しかし忠敬はその完成を見届けることなく、文政元（1818）年4月に亡くなりました。74歳でした。

◆驚くほどの精度の日本地図が完成

地図が未完成だったことから、忠敬の死はしばらく伏せられ、至時の息子高橋景《かげ》保《やす》が中心となって、作成が続けられました。文政4（1821）年、ようやく『大日本沿海輿《よ》地《ち》全図《ぜんず》』として幕府に献上され、日本地図の完成という御用は終わりました。大図214枚、中図8枚、小図3枚からなる大作でした。

そこでようやく、忠敬が亡くなったことも公表されたのです。3年以上も死を隠したのは、弟子たちはあくまで「忠敬の作品」として世に出したかったからだと言われています。その地図の精度は、人工衛星からの映像を見た専門家も驚くほど誤差が少ないものでした。

儲けのカラクリ 1

年下メンター戦略

年齢に関係なく最適の師を見つける

――お互いのリスペクトから大きな成果を

伊能忠敬の偉業は、師の高橋至時の存在なくしては語れません。**弟子入り当時、忠敬51歳、至時32歳で年齢差19歳。儒教社会で長幼が重要視された当時としては、異例と言えるかもしれません。**しかし、忠敬はそんなことは気にしませんでした。最適と思える師を選んだのです。

至時の弟子にならなかったら、忠敬が全国の測量を行ない、日本地図を作ることもなかったでしょう。前述したように、至時の悲願は「緯度1度あたりの距離」を実測することにより「地球の大きさを知る」ということでした。忠敬もこの思いに感化され、その手段として蝦夷地を測量しに行くことになりました。

自分の数値を認めない師に決裂寸前

しかし、現場で実際に測量してきた忠敬と、あくまで机上の論理で考える至時の間に対立が生まれることもありました。忠敬は第二次測量の後、「緯度1度あたりの距離」として28・2里（約110・75キロメートル）という数字を導き出し、至時に報告しました。しかし至時は、それが正しいとは認めませんでした。

この時はまだ自分の数字に完全な自信を持っていなかった忠敬でしたが、第三次測量の結果からも28・2里という数字を出し、今度は自信を持って至時に報告しました。しかし至時は「その数字は少し大きすぎるのではないか」と認めてくれませんでした。自分が実測していない至時としては、どうしてもその数字を認める根拠を持てなかったのです。

この時、忠敬は腹を立てて至時に「そんなに私の実測が信用できないのなら、今後の測量はご辞退します」と告げ、師弟関係は決裂寸前にまでなりました。至時は何とか忠敬をなだめ説得し、第四次測量（東海・北陸）に向かわせました。

◆上野に並んで眠る師弟

その後、至時は28・2里という数字が正しいことを知ることになります。フランスの天文学者ラランドが書いた『天文学』のオランダ語訳を手に入れ読んだからです。その内容は、至時が知るこれまでの天文学の書物をはるかに超えるレベルの高いものでした。至時は、この書物で初めて「地球が完全な球ではなく、極半径が赤道半径より若干短い回転楕円球である」ことを知りました。

そして至時がこの書の記述をもとに、緯度38度付近における子午線1度の長さを計算して日本の尺度に換算したところ、ぴったり「28・2里」という数字が出たのです。至時は、弟子の忠敬が出した数字に確信が持てたことに大喜びし、さっそく、計測の旅に出ていた忠敬に手紙を出しました。忠敬も師にその数字を認めてもらってさぞかしうれしかったことでしょう。その翌年、至時は病気で亡くなってしまいますが、忠敬はそこから10年以上測量を続けました。

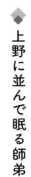

忠敬は自分の死の直前、「私がここまで来ることができたのは高橋至時先生のおかげであるから、死んだ後は先生のそばで眠りたい」と語りました。

その遺言通り、東京・上野にある源空寺に2人の墓は並んであります。

儲けのカラクリ 2

大義名分戦略

大義を訴えることで提案を通す

――官僚組織を動かす秘訣

前項でも語りましたが、忠敬が蝦夷地測量の旅に出かけた本当の動機は、地球の大きさを知りたかったことです。しかし、それでは幕府から許可が下りないことは明らかでした。そこで、至時は「蝦夷地の地図を作るための測量」という大義を掲げ、幕府と交渉します。当時、ロシアの脅威もあり「蝦夷地の地図」を作ることは幕府の緊急の課題だったからです。正しい地図を作るためには、その地点での北極星の高度を精密に測って緯度を調べる必要があったので、天文方である至時が関わること自体は不自然ではありません。

当初、幕府は忠敬を蝦夷地まで船で送ろうとしました。重い測量器具が多数あるので、海路で現地まで行くのは合理的でした。ただそれでは、江戸との距離を実測して子午線1度の距離を調べたい忠敬や至時にとっては意味がありません。至時は陸路で行くと将来に役立つことを幕府に願い出ています。また、測量器具を最小限にするなどの交渉の結果、何とか陸路で蝦夷地に向かう許可が下りました。

このようにきちんと「大義」を立てて交渉したからこそ、プロジェクトは動き出したのです。

◆忠敬の決意表明

忠敬は出発直前、幕府の蝦夷地取締御用掛の松平信濃守忠明に申請書を出しました。そこには以下のような決意表明が語られています。

「ありがたいことにこのたび公儀の御声掛りで蝦夷地に出発できるようになりました。ついては、蝦夷地の図と奥州から江戸までの海岸沿いの諸国の地図を作って差し上げたいと存じますので、この地図が万一にも公儀の御参考になればかさねがさねありがたいことでございます。（中略）地図はとても今年中に完成できるわけではなくおよそ3年ほど手間取ることでございましょう。この上はなにとぞ、蝦夷地から江戸までの海沿いの諸国の地図の御用の御声掛かりをお願い申し上げます」

忠敬は、このように**まずは「地図作成」という大義を前面に掲げることで、官僚組織である幕府を少しずつ動かしていったのです。**

儲けのカラクリ 3

損して得とれ戦略

「持ち出し」であってもまず始めてみる

——成果を見せれば組織は動く

第一次測量時、至時や忠敬から幕府に願い出た条件の多くは認められませんでした。測量器具・人足・馬なども大幅に削減されました。名目も「測量試み」ということで、予備調査くらいの扱いでした。幕府から忠敬に支払われたのは日当の銀7匁5分（約1万2000円）のみ。これで助手や従者を連れ、器材を運ぶための馬や人足を雇って長い旅に出るのですから、大幅な赤字です。

忠敬がこの測量に持参したお金は100両（約1000万円）で、江戸に戻ってきた時には、1分（約2万5000円）しか残っていませんでした。また、測量器具に70両（約700万円）くらいはかかったとのことなので、幕府からの日当は総額20両あまり（約200万円）は出ましたが、それを差し引いても150両（約1500万円）のお金を自分で持ち出したことになります。

商人として成功した伊能忠敬だから出せたとも言えますが、普段、忠敬は倹約家で無駄なお金は1文たりとも使わなかったといいますから、このプロジェクトに懸ける並々ならぬ決意が窺えます。**幕府が何の実績もない忠敬に測量の許可を出したのも、至時の推薦であることもさることながら、器材を既に購入し、道中も大幅な持ち出し覚悟であったことも大きかったでしょう。**

忠敬は結果を出し続けたことで、第四次測量からは幕臣となり、大人数の測量隊を率いて旅をすることになりました。お金を持ち出す必要もなくなり、多くの藩からも丁重にもてなされることになったのです。

このように成果が見えないプロジェクトにおいては、まず自分の持ち出しでやってみせることも必要です。今も昔も、実際に成果を見ないと判断できない人が多いからです。

（了）

参考文献一覧

『江戸商人の経営哲学 豪商にみる成熟期の経営』茂木正雄（にっかん書房、１９９４年）
『江戸商人の経営』鈴木浩三（日本経済新聞出版社、２００８年）
『江戸３００年 大商人の知恵』童門冬二（講談社、２００４年）
『徳川三百年を支えた豪商の「才覚」』童門冬二（角川ＳＳＣ新書、２０１３年）
『江戸の豪商に学ぶブランドマーケティング』童門冬二（ＰＨＰ研究所、２０１３年）
『豪商列伝 なぜ彼らは一代で成り上がれたのか』河合敦（ＰＨＰエディターズ・グループ、２０１４年）
『豪商列伝』宮本又次（講談社学術文庫、２００３年）
『豪商への道―現代に生きる「攻め」と「守り」の近江商法』邦光史郎（ＰＨＰ研究所、１９９４年）
『大江戸ビジネス社会』呉光生（小学館文庫、２００８年）
『蔦屋重三郎―江戸芸術の演出者』松木寛（講談社学術文庫、２００２年）
『蔦屋重三郎』鈴木俊幸（平凡社ライブラリー、２０１２年）
『稀代の本屋 蔦屋重三郎』増田晶文（草思社、２０１６年）
『蔦屋重三郎と江戸文化を創った13人』車浮代（ＰＨＰ文庫、２０２４年）
『蔦屋重三郎と田沼時代の謎』安藤優一郎（ＰＨＰ新書、２０２４年）
『蔦屋重三郎とは、何者なのか？』歴史人増刊（２０２３年）
『近世物之本江戸作者部類』曲亭馬琴　徳田武校注（岩波文庫、２０１４年）

「ブランドビジネスの達人だった！　日本史上最強の出版人、蔦屋重三郎を知っていますか？」
（茶の間ラボ、２０２０年12月２日公開 https://note.com/chanomalab/n/n799ad958fa18）
「日本史上最強の出版人蔦屋重三郎は流通の革命家だった！」
（茶の間ラボ、２０２１年１月21日公開 https://note.com/chanomalab/n/nd2a4d7cb591d）
「歴史的成功の道のり 蔦屋重三郎（つたや じゅうざぶろう）１」（トコトコ鳥蔵、２０２０年７月25日公開
https://tokotokotorikura.com/蔦屋重三郎（つたや-じゅうざぶろう）①/）
『知的資本論―すべての企業がデザイナー集団になる未来』増田宗昭（ＣＣＣメディアハウス、２０１４年）
『史料が語る三井のあゆみ：越後屋から三井財閥』三井文庫編（三井文庫、２０１５年）
『三井越後屋のビジネス・モデル―日本的取引慣行の競争力』武居奈緒子（幻冬舎、２０１５年）
「タブー破りまくり「三井・越後屋」のスゴイ戦略　日本のビジネスモデル史上最大級の革新だ」三谷宏治
（東洋経済オンライン、２０１９年９月29日公開 https://toyokeizai.net/articles/-/304869）
『「三越」をつくったサムライ日比翁助』林洋海（現代書館、２０１３年）
『帝国劇場開幕――「今日は帝劇 明日は三越」』嶺隆（中公新書、１９９６年）
「ふとんの「西川」３社、約80年ぶりに統合のワケ　創業４５０年、寝具の老舗が挑む大経営改革」真城愛弓
（東洋経済オンライン、２０１８年12月16日公開 https://toyokeizai.net/articles/-/255394）
「ムコ殿はなぜ変革できた？ 創業４５０年、ふとんの西川」代慶達也、松本千恵（ＮＩＫＫＥＩリスキリング、２０１６年７月６日公開 https://reskill.nikkei.com/article/DGXMZO04418900U6A700C1000000/）

『河村瑞賢（人物叢書）』古田良一（吉川弘文館、１９８８年）
『河村瑞賢――国を拓いたその足跡――没後三〇〇年』土木学会土木史研究委員会河村瑞賢小委員会編（土木学会、２００1年）
『江戸を造った男』伊東潤（朝日文庫、２０１８年）
『江戸期不況を乗り切った「六大商人」の知恵―リストラ時代を勝ち抜くヒント（近江商人から富山商人まで）』鈴木旭（日本文芸社、１９９４年）
『富の山の人―仕事の哲学―日本一続く「稼ぐしくみ」富山商人の生き方』森田裕一（経済界、２０１２年）
『「だし」再発見のブランド戦略――創業３２０年の鰹節専門店』高津伊兵衛（ＰＨＰ研究所、２０２０年）
「３３０年続く老舗が「古くなった」と思われない理由…不易流行の経営術」杉山直隆（THE21 ONLINE、２０２１年1月10日公開 https://the21.php.co.jp/detail/8264）
「今年で創業３３０年！ お茶と海苔の「山本山」についてあなたはどれぐらい知ってますか？」松田義八（GetNavi web、２０２０年10月２日公開 https://getnavi.jp/cuisine/530330/）
「紀伊国屋文左衛門の実像」竹内誠（えど友第68号、２０１２年7月公開 https://www.edo-tomo.jp/edotomo/h24(2012)/edotomo-No68.pdf）
『「コト消費」の嘘』川上徹也（角川新書、２０１7年）
『漫画鍋島直正』佐賀県編著、太神美香漫画（梓書院、２０１８年）
『鍋島直正』杉谷昭（佐賀県立佐賀城本丸歴史館、２０１０年）

『歴史街道　２０１８年４月号』（ＰＨＰ研究所、２０１８年）
『伊能忠敬』小島一仁（三省堂選書、１９７８年）
『伊能忠敬』今野武雄（社会思想社、２００２年）
『生涯学習の先駆者「伊能忠敬」に学ぶ探求心』有川かおり
（生涯学習研究―聖徳大学生涯学習研究所紀要　第18号別冊、２０２０年）

その他、各企業のＷＥＢサイトなども参考にさせていただきました。

本書は、文藝春秋より刊行された『４００年前なのに最先端！江戸式マーケ』を、文庫収録にあたり加筆し、改題したものです。

知的生きかた文庫

江戸《えど》のカリスマ商人《しょうにん》
儲《もう》けのカラクリ

著　者　川上徹也（かわかみ・てつや）
発行者　押鐘太陽
発行所　株式会社三笠書房
〒102-0072　東京都千代田区飯田橋3-3-1
https://www.mikasashobo.co.jp
印　刷　誠宏印刷
製　本　若林製本工場

ISBN978-4-8379-8897-7 C0130

本書へのご意見やご感想、お問い合わせは、QR コード、
または下記 URL より弊社公式ウェブサイトまでお寄せください。
https://www.mikasashobo.co.jp/c/inquiry/index.html

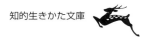

知的生きかた文庫

図解！ 江戸時代
「歴史ミステリー」倶楽部

大江戸「八百八町」は大げさな表現？ いえ、実際は「千七百町」もあった！ 知っているようで知らない江戸時代の基本を徹底図解でわかりやすく解説！

日本史の有名人たち「その後」どうなった？
山本博文［監修］
造事務所［編著］

歴史に名を残した人物は、表舞台から「消えた後」がおもしろい！ 足利義昭、明智光秀、宇喜多秀家、徳川慶喜……思いもよらない、運命の結末に唖然・騒然！

超訳 孫子の兵法「最後に勝つ人」の絶対ルール
田口佳史

ライバルとの競争、取引先との交渉、トラブルへの対処……孫子を知れば、「駆け引き」と「段取り」に圧倒的に強くなる！ ビジネスマン必読の書！

世界一役に立つ 図解 論語の本
山口謠司

仕事・人間関係……「どうすればいいいか？」の答えは孔子の言葉の中にある！ まっすぐ、しっかりと生きるためのヒント満載！ 人生がとても豊かになる一冊。

世界一役に立つ 図解 経済の本
神樹兵輔

日本の安い賃金などの「経済問題」からインフレとデフレといった「経済の基本」まで、経済のツボがわかると、お金に強くなる！ 頭も収入もよくなる本。

C50497